中国特色社会主义"五大建设"丛书

核心价值观
视野下的社会建设

张 娜 著

重庆出版集团 重庆出版社

图书在版编目(CIP)数据

核心价值观视野下的社会建设/张娜著.—重庆:重庆出版社,2014.6

(中国特色社会主义"五大建设"丛书)

ISBN 978-7-229-08183-6

Ⅰ.①核… Ⅱ.①张… Ⅲ.①社会主义建设—价值论—研究—中国 ②社会主义建设模式—研究—中国 Ⅳ.①D616

中国版本图书馆CIP数据核字(2014)第127921号

核心价值观视野下的社会建设
HEXINJIAZHIGUAN SHIYE XIA DE SHEHUI JIANSHE
张 娜 著

出 版 人:罗小卫
责任编辑:别必亮 林 郁
责任校对:刘小燕
装帧设计:重庆出版集团艺术设计公司·蒋忠智 黄 杨

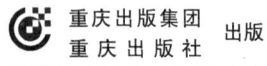

重庆出版集团
重庆出版社 出版

重庆长江二路205号 邮政编码:400016 http://www.cqph.com
重庆出版集团艺术设计有限公司制版
自贡兴华印务有限公司印刷
重庆出版集团图书发行有限公司发行
E-MAIL:fxchu@cqph.com 邮购电话:023-68809452
全国新华书店经销

开本:889mm×1194mm 1/32 印张:4.375 字数:95千
2014年6月第1版 2014年6月第1次印刷
ISBN 978-7-229-08183-6
定价:12.00元

如有印装质量问题,请向本集团图书发行有限公司调换:023-68706683

版权所有 侵权必究

丛书编委会名单

总顾问：朱之文　童世骏
顾　问：刘承功　林尚立
编委会主任：吴晓明
副主任：萧思健　胡华忠　高国希　袁　新　周　晔
编　委：刘　月　金伟甫　罗小卫　陈兴芜　别必亮
　　　　吴进科　王晓静

总　序

在全党全国深入学习宣传贯彻党的十八大和十八届三中全会精神之际，由复旦大学马克思主义研究院和党委宣传部组织撰写的《中国特色社会主义"五大建设"丛书》同大家见面了，这是复旦大学以及上海市部分知名学者在马克思主义理论和中国现实研究方面所作出的重要探索。

作为马克思主义中国化的重要理论创新，党的十八大第一次提出了社会主义"五大建设"，即经济建设、政治建设、文化建设、社会建设、生态文明建设等方面的重大部署。并且提出：在经济建设上，必须坚持发展是硬道理的战略思想，以科学发展为主题，以加快转变经济发展方式为主线，把我国经济发展活力和竞争力提高到新的水平。在政治建设上，必须坚持走中国特色社会主义政治发展道路，继续积极稳妥推进政治体制改革，坚持党的领导、人民当家做主、依法治国的有机统一，发展更加广泛、更加充分、更加健全的人民民主。在文化建设上，必须走中国特色社会主义文化发展道路，积极培育和践行社会主义核心价值观，丰富人民精神文化生活，提高国民素质，扎实推进社会主义文化强国建设。在社会建设上，必须加快健全基本公共服务体系，加强和创新社会管理，以保障和改善民生为重点，多谋民生之利，多解民生之忧，解决好人民最关心、最直接、最现实的利益问题。在生态文明建设上，必须树立尊重自然、顺应自然、保护自然的生态文明理念，坚持节约资源和保护环境的基本国策，着力推进绿色发展、循环发展、低碳发展，实现中华民族的永续发展。这"五大建设"内容丰富、意义深远，不仅需要在实践上扎实推进，而且需要在理论上深入地加以探讨和阐述。

马克思主义理论研究，无疑具有十分重要的学术向度。我们知道，马克思在进行例如政治经济学批判的研究工作时，曾为自己提出过多么高的学术要求。正是这样的学术要求，使得马克思在哲学和社会科学的几乎每一个领域中，都有自己独到的发现和深刻的见地。列宁曾说过，不研究黑格尔的《逻辑学》，就不能真正读懂《资本论》——马克思主义理论的学术向度，于此可见一斑。在这个意义上应当说，如果没有很高的学术要求，马克思主义的理论研究就不可能真正持立；如果放弃或贬低其学术要求，则无异于理论上的自我打击。更加重要的是，马克思主义理论的全部学术要求，归结到最根本的一点，就是深入并切中当下的社会现实。如果没有这一根本之点，马克思主义的理论研究同样不可能真正持立。但人们往往太过轻易地想象"现实"一词，仿佛达于现实或把握现实是不需要什么理论或学术的，甚至还往往用关注现实来作为拒斥理论和学术的口实。这是一种严重的——甚至是危险的——误解，它把"现实"同一般所谓的"事实"混淆起来了。必须明白，与一般的事实不同，现实不是在知觉中就能直接同我们照面的。用黑格尔的话来说,所谓现实,乃是实存和本质的统一,是在展开过程中表现为必然性的东西。因此,如果仅仅滞留于"实存"而达不到本质性,达不到在展开过程中的必然性,我们就根本不可能窥见或触到现实。海德格尔曾指出,马克思的历史学之所以优越于其他的历史学,是因为它深入到历史的本质性一度中去了;也就是说,深入到社会现实中去了。

为了真正地把握社会现实,不仅需要坚实彻底的理论,而且需要使这样的理论深入到社会的实体性内容中去,并通过这样的深入而实现其全面的具体化。之所以这么说,是因为现实本身是具有实体性内容的,并因而是具体的。遗忘了这一点,再高明的理论也只能被当做"外部反思"来加以运用,也就是说,被当做某种公式来教条主义地加以运用。所谓外部反思,就是作为忽此忽彼的推理能力,它从来不深入到社会的实体性内容本身之中;但它知道一般原则,而且知道把一般原则抽象地运用到任何内容之上。如果说,我们曾经在"二十八个布尔什维克"那里见到过某种教条主义的马克思主义,那么在今天的社会科学中同样很容易发现那种"仅仅知道把一般原则抽象地运用到任何内容之上"的外部反思。在这种情况下,真正的社会现实不仅没有被把握住,而且实际上早已消失得无影无踪了。因此,黑格尔把外部反思叫做主观思想和现代诡辩论,甚至叫做"浪漫主义及其虚弱本质的病态表现"。同样,对于马克思和恩格斯来说,历史唯物主义的原理决不是可以当做抽象原则而无条件地加以运用的东西;恰恰相反,它们仅仅是一些科学的抽象,这些抽象离开了现实的历史和具体的研究就没有任何价值。如果把它们当做"可以适用于各个历史时代的药方或公式",

那么，在这里出现的就不是历史唯物主义，而是历史唯物主义的反面。

由于马克思主义学术和理论研究的主旨是把握社会现实，所以，对于今天中国的马克思主义理论研究来说，其根本的任务就在于深入并切中当今中国的社会现实。这一社会现实是以中国自近代以来的历史性实践（特别是改革开放以来的历史性实践）为基础的，并且是在"中国道路"的历史进程中实现其具体化的。不研究中国自近代以来的历史性实践，不研究中国道路在历史进程中的整体具体化，就根本不可能真正理解和把握当今中国的社会现实，因而也就没有真正意义上的当代中国的马克思主义理论研究，或者至多只能有某种疏阔散宕的经院式的研究。对于中国化的马克思主义理论研究来说，没有一项任务比深入地了解中国社会，从而把握其具体的历史进程和实体性内容来得更加紧迫了。因此，复旦大学马克思主义研究院倡导在深入研究马克思主义基本原理的同时，更加切近地探究当今中国的社会现实，以期使马克思主义的基础理论同真正的"中国问题"和"中国经验"结合起来。我们面前的这套《中国特色社会主义"五大建设"丛书》，就是希望在这方面做出某种积极的尝试和有益的探索。

"五大建设"丛书共11种，主要研究改革开放以来，我国在经济、政治、文化、社会和生态等领域的发展变化，以及在新的历史条件下这些领域所面临的问题、挑战和任务。《全球视野下的中国道路》一书，从中国道路对人类文明的历史性贡献、中国道路对发展中国家的示范效应、中国道路对世界社会主义运动的意义三个方面，探讨中国道路的世界意义。《"中国梦"的文化解析》从"中国梦"新时代的新概念、"中国梦"的演进轨迹、"中国梦"的当下使命、文化为"中国梦"立基等几个方面,从文化的根底处解析"中国梦"。《理性与梦想:中华腾飞的精神两翼》一书,阐述了理性与梦想在中国发展取得举世瞩目成就、实现中华民族伟大复兴历史进程中的重要意义,指出理性平和与追逐梦想缺一不可、相互支持。《创新转型与可持续发展》一书,以"经济发展方式"作为研究问题的核心范畴,着重讨论了"中国奇迹"的时代特点、中国社会生活各领域深刻变革以及当前经济发展阶段新特点等问题。《协商民主:中国的创造与实践》一书,从协商在中国民主中的意义、协商民主与中国政治建设、政治协商与协商民主、社会协商与社会建设、公民协商与基层民主发展几个方面,深刻解读我国的协商民主制度。《穿越问题域:科学发展观重大理论问题探要》一书,围绕发展、改革与稳定,经济、政治与文化,市场、资本与权力,公正、效率与持续,自然、个人与社会等五个方面,理解并阐释科学发展观蕴含的整个问题域,以辩证的方法理解我们在经济社会的建设中必定会遭遇到的各种错综复杂的关系。《生态文明:人类历史发展的必然选择》从生态学视角观察人类文明形态的进化史,在阐述人类对人与自然关系的各种认知、思考和探索的同时,对十八大报告中有关生态文明建设论述作出深入解读。《战略性新兴产业发展的新模式》一书,厘清了战略性新兴产业的历史背景与现实意义,阐释战略性新兴产业的内涵与特性,并借鉴欧美发达国家的战略和政策,为我国目前战略性新兴产业的发展提出了新的模式和政策设计。《社会建设与全面建成小康社会》一书，从社会建设的定位和布局、社会建设的挑战和任务、社会建设的改革和突破等方面，集中探讨了社会建设和国家发展中的有关问题。《核心价值观视野下的社会建设》一书，以社会建设为对象，从理论、历史、现实的三重维度，对社会主义核心价值观与社会建设相互融合进行了解读和阐释。《社会主义中国在开拓中前进》一书，围绕中国特色社会主义的本土根据与阶段特征、坚持和发展中国特色社会主义、建设与时俱进的社会主义意识形态、促进社会主义更健康地发展几个部分，来阐释中国特色社会主义包含的丰富理论内容。

这套丛书是一个积极的尝试，其主旨是在密切关注当代中国发展之历史进程的同时，推进马克思主义的理论研究。如果说，关注并切中社会现实乃是马克思主义研究的题中应有之义，那么，我们完全有理由期待在这样的领域中会迎来理论研究新的繁花盛开。我们希望有更多的学者能参与到这样的研究中来。是为序。

吴晓明
2014 年 1 月

前　言

一个人，不论贫穷富有、高低贵贱，他都会对周围的事物形成一定的看法和思考，这种看法和思考指引着这个人的认识和行动，这些看法和思考就是价值观。核心价值观是在一个社会中起决定作用的价值观念，并决定着整个社会的发展方向。要将核心价值观的内容转变为个人的价值观念从来都是一个历史难题。随着我国经济的飞速发展，急需一种与之相应的核心价值观来指引人们的精神生活。

社会主义核心价值观就是要在当前纷繁复杂的尘世生活之中，给人们的心灵找到一片宁静的港湾，让人们的精神世界远离空虚、贫乏和浮躁，给人们以宁静、充实和希望。与此同时，社会主义核心价值观还肩负着指导中国社会主义伟大事业的重要任务。

2013年12月23日，中共中央办公厅印发了《关于培育和践行社会主义核心价值观的意见》。《意见》指出："培育和践行社会主义核心价值观，是推进中国特色社会主义伟大事业、实现中华民族伟人复兴中国梦的战略任务。"同时提出："把社会主义核心价值观要求体现到经济建设、政治建设、文化建设、社会建设、生态文明建设和党的建设各领域，推动培育和践行社会主义核心价值观同实际工作融为一体、相互促进。"本书正是以社会建设为对象，从理论的、历史的、现实的维度进行一次社会主义核心价值观与社会建设相互融合的梳理与尝试。这种尝试，至少包括三个方面的内容：第一，对核心价值观的解读；第二，对核心价值观与社会建设关系的解读；第三，对体现社会主义核心价值观的社会建设的解读。

需要说明的是，本书所指的核心价值观有两种含义：一种是作为一般核心价值观，另一种是特指社会主义核心价值观。这两种意义上的核心价值观是一般与特殊的关系，前一种是普遍性的内涵，后一种是特定时期的历史性的内涵。当指称当代中国的核心价值观时，核心价值观就等同于社会主义核心价值观。同时，社会建设也有两个层面的含义：一种是广义的社会建设，包含五大建设在内的大社会建设；另一种是狭义的社会建设，是与其他四大建设相并列的小社会建设。由于小社会建设的真正提出是进入现代社会之后，因此，第二章在对社会建设作历史的分析时，主要针对的是大社会建设。从核心价值观的角度对大社会建设的分析，主要是在社会整体思路上的一种把握，除了少数部分涉及小社会建设以外，其余部分主要还是从大社会建设的价值观角度思考的。

目 录

◇ 总　序 /1
◇ 前　言 /1

◇ 第一章
核心价值观的内涵与时代内容 /1
一、当代社会的价值困境 /3
二、核心价值观的内在本质 /11
三、核心价值观的时代内容 /30

◇ 第二章
中国社会建设价值取向的历史发展 /51
一、古代中国社会建设的价值取向 /53
二、近代中国社会建设的价值取向 /64
三、现代中国社会建设的价值取向 /71

◇ **第三章**
社会主义核心价值观与现阶段的社会建设 /81
　一、现阶段社会建设面临的主要问题 /83
　二、以社会主义核心价值观引领社会建设的具体内容 /92
　三、以社会主义核心价值观推进社会建设的现实路径 /106

◇ **结　　语** /125

第一章

核心价值观的内涵与时代内容

要实现社会主义核心价值观同中国特色社会主义事业的相互融合,对社会主义核心价值观的深入了解就成为首要的和基础性的工作。随着改革开放的深入,中国社会在分享改革巨大红利的同时,由于经济体制的深刻变革,社会结构的深刻变动,利益格局的深刻调整,思想观念的深刻变化,核心价值观培育面临越来越大的挑战。可以说,中国正处于历史上前所未有的价值重构的过程之中。

核心价值观是近年来学界持续关注的热点之一，面对不断发生变化的现实社会，究竟什么是核心价值观、核心价值观是单一的还是多维的、社会主义核心价值观与社会主义核心价值体系是什么关系等一系列问题摆在人们面前。归根到底，中国需要什么样的核心价值观来引领整个社会？对这一问题的回应，需要在弄清当前价值困境的背景下，从对价值观本质的深入探寻中，才能找到社会主义核心价值观的真谛。

一、当代社会的价值困境

当代中国社会的价值困境不仅仅来自本国，还是伴随着世界性的全球化浪潮与现代化发展进程出现的。社会价值的多元化、价值理性的边缘化，以及人们精神世界的对象化，共同勾勒出当代社会的价值困境。

1. 社会价值的多元化

社会价值的多元化是新世纪世界各国共同面临的一个价值境遇，在同一社会中社会成员的精神生活不再是由单一的价值观所统领，而是由多种价值观共同发生作用。这种价值多元化的状态，一方面对特定社会的核心价值观造成冲击，

另一方面容易使社会成员在价值选择中陷入迷失与混乱的状态。

在中国，价值多元化主要表现为中国传统价值观、西方价值观，以及社会主义价值观等主要价值类型并存的局面。社会主义价值观是中国社会价值观念的主流与核心。它以马克思主义思想为指导，是建立在社会主义公有制基本经济制度与人民民主专政的基本政治制度基础上的价值观，也是当代中国国家意识形态的重要体现。西方价值观主要是指西欧各国、美国以及继承西方传统文化的各国所奉行的价值观念。它起源于古希腊和希伯来文化传统，以资本主义经济体制与三权分立的政治体制为基础，经历了以上帝为轴心的中世纪、以个人为轴心的近代和以个性自由为轴心的当代价值体系诸多阶段。中国传统价值观是以儒家文明为核心的价值观念。它以封建小农经济体制与君主专制政治体制为基础，起源于先秦儒学，扎根于中国五千年传统文化，对社会主义核心价值观的产生和发展具有奠基和培育作用。

历史地看，与传统价值观在潜移默化中影响大众不同，西方价值观对当代社会成员的影响更为显性，也对社会主义核心价值观造成较大冲击。近年来传统价值观的兴起，实际上是我国思想界和社会大众为了维护本土价值观所采取的一种自觉行动，这在一定程度上削弱了西方价值观的影响力，对社会主义核心价值观的核心地位起到了维护作用。同时，传统价值观自身顽强的生命力，给社会主义价值观也带来一定的影响。此外，当前社会上还存在着不少以宗教为主体的价值观念，比如佛教、道教、伊斯兰教、天主教和基督教等，它们在自己特定范围内对社会大众有着较大影响。

除了上面谈到的历史原因之外，造成当代中国价值多元还有其时代原因。20世纪80年代开始的全球化浪潮将整个世界带入"地球村"时代，合作与多元成为世界趋势。经济上，跨国公司的发展使得各个国家之间结成不同类型的利益共同体；政治上，政府和国际组织的多元往来，促使世界达成求同存异的共识；思想文化上，留学人员和团体性交流爆发性增长，各种思想文化交流更为频繁。同时，信息化的高速发展，将整个世界前所未有地紧密联系起来，世界各地人们之间的距离被无限缩小，任何国家和个人都无法脱离全球化和信息化的洪流，思想多元、文化多元和价值多元成为世界各国的共同特征。

1978年以来的改革开放则成为当前价值多元的现实原因。为了谋求中国特色社会主义的现代化发展，实现中华民族伟大的复兴之梦，十一届三中全会以来，我国及时纠正"以阶级斗争为纲"的指导思想，打破"两个凡是"的思想禁锢，提出"实践是检验真理的唯一标准"，开启了中国改革开放的大门。从此，中国以全新的开放姿态面向世界，积极吸收来自世界各国的先进技术、先进理念和先进文化，寻求政治、经济、文化等多元交流中的合作共赢。与此同时，西方的思想文化、价值理念和生活方式也随之进入我国，原来一元的核心价值观为多元价值观所取代，形成了传统与现代、东方与西方、主流与非主流价值观多元并存的价值观状况。

2. 价值理性的边缘化

工具理性对价值理性的排挤，直接导致价值理性的边缘化。德国社会学家马克斯·韦伯指出，现代化的过程是一个全面趋向理性化的过程。其中，理性可以分为工具理性和价值理性两种：工具理性是指人们用数学形式进行量化和预测行为的后果；价值理性则是指人们不是以功能效用和成败得失作为行动的评判标准，而是服从道德良心的感召，关注行为背后所包含的道德上、宗教上或者政治上的义务责任。工具理性与价值理性在现代化原初时期保有一种相互推动、相互支持的张力。但随着现代化的不断加深，逐渐呈现出以价值理性为主导转向以工具理性为主导的趋势。

近年来，我国在科学技术的推动下，经济取得长足发展，综合国力空前强大，2010年中国总GDP已经超过日本，成为仅次于美国的世界第二大经济体。人民生活水平大幅度提高，人均国民总收入由1978年的190美元上升至2012年的5680美元。按照世界银行的划分标准，已经由低收入国家跃升至上中等收入国家。经济高速发展的同时，人们的价值观念也在无声无息地改变着,以工具理性为内核,以利益为导向的社会评价体系成为社会中主导性的价值取向。占有物质财富数量的多寡是衡量一个人成功与否的试金石,对物质财富的追求成为人们的唯一旨归。

据调查,在北京、上海、广州三大城市,有近半数的人赞成"财富是个人成就的反映",不赞成的仅1/5左右(见表1)。这种一味地以物质财富的多寡来评定个人的价值取向,让人们忽略社会行为的道德良心,转而专注于社会行为的功能效用。工具理性在当代逐渐突破了与价值理性的张力,反客为主,将价值理性边缘化。正如马克斯·韦伯所指出的,"自从禁欲主义着手塑造尘世并树立起它在尘世的理想起,物质产品对人类的生存就开始获得了一种前所未有的控制力量,这力量不断增长,且不屈不挠。今天宗教禁欲主义的精神虽已逃出这牢笼,但大获全胜的资本主义,已不再需要这种精神的支持了"[1]。

表1 部分地区人们"对财富是个人成就的反映"认识的调查情况[2]

地区	很不同意	不同意	中立	同意	很同意
北京	4.2%	19.5%	27.6%	45.2%	3.5%
上海	2.8%	25.6%	21.0%	45.1%	3.5%
广东	2.1%	22.7%	24.0%	43.7%	7.5%

---

[1] [德]马克斯·韦伯:《新教伦理与资本主义精神》,于晓、陈维纲译,生活·读书·新知三联书店,1987年版,第142页。
[2] 北京大学中国社会科学调查中心:《中国报告:2009民生》,北京大学出版社,2009年版,第330页。

3. 精神世界的对象化

近代以降，工具理性在帮助人们认识自然和改造自然的过程中，创造了高度发达的科学技术和极大丰富的物质世界，但也给人类带来了空前严重的社会危机。随着工具理性的极大膨胀，在追求效率和重视功用的过程中，人们的精神世界逐步对象化。

马克思在一百多年前所指出的异化状态，仍然是当今社会个人精神状态的真实写照。他说道："在我们这个时代，每一种事物好像都包含有自己的反面。我们看到，机器具有减少人类劳动和使劳动更有成效的神奇力量，然而却引起了饥饿和过度的疲劳。财富的新源泉，由于某种奇怪的、不可思议的魔力而变成贫困的源泉。技术的胜利，似乎是以道德的败坏为代价换来的。随着人类愈益控制自然，个人却似乎愈益成为别人的奴隶或自身的卑劣行为的奴隶。甚至科学的纯洁光辉仿佛也只能在愚昧无知的黑暗背景上闪耀。我们的一切发现和进步，似乎结果是使物质力量成为有智慧的生命，而人的生命则化为愚钝的物质力量。"[1]

在工具理性全面膨胀，价值理性边缘化的价值背景下，人们"痛切地感到人生的无意义"，个人与其本性之间被"烦恼"和"忧虑"隔离开来。在现实中，人们与其本性不是处于应然的结合状态，而是处于分离的状态。美国存在主义哲学家保罗·蒂利希将目前人类所面临的"烦恼"和"忧虑"称之为"存在性的焦虑"。他指出，所谓焦虑是

---

[1]《马克思恩格斯选集》第一卷，人民出版社，1995年版，第775页。

"一个存在者意识到其自身可能不存在的那种情况"①。同时，蒂利希按照"非存在威胁存在的三种方式"将人们的焦虑分为三种类型：一是"对命运与死亡的焦虑"，即对死亡的焦虑；二是"对空虚和丧失意义的焦虑"，即对无意义的焦虑；三是"对罪过与谴责的焦虑"，即对谴责的焦虑。这三种焦虑之所以被称为是存在性焦虑，是因为它们是所有的人都必然要面对的精神困境，除非人们早已在心中坦然接受死亡、无意义以及谴责。而且不同于弗洛伊德所代表的精神分析学派，蒂利希认为这种"存在性的焦虑"不是病理性的，因此是无药可治的。人们面对"存在性的焦虑"所能做的，只能是接受，运用"勇气"，通过辩证的自我"肯定"的方式达到坦然面对的精神境界。

三种类型的焦虑虽然一直存在于人们的精神生活之中，但是在历史的不同时期，人类精神所体验的重心略有差别。在生产力低下、人类自我认识比较模糊的远古文明时期，对身体的焦虑即对死亡的焦虑占支配性的地位；在人类逐渐认识自我与周遭生活的古代文明时期，对道德的焦虑即对谴责的焦虑占支配性地位；而在生产力高度发展，人类对自我有较清晰认识的近代后期尤其是现代文明时期，对空虚和无意义的焦虑成为困扰人类精神的最主要的问题。

在整个历史过程中，人类通过发展生产力的方式围绕对自我的认识不断探索，逐渐从远古对自我外在存在形式——身体的认知，上升到现代对自我内在精神的认知。而在当前

---

① ［美］保罗·蒂利希：《存在的勇气》（英文），耶鲁大学出版社，1952年版，第35页。

科技不断高速发展的过程中，人们主动或被动地将对自我的认知印刻在所取得的成就、所面对的对象和所拥有的事物里。人们不断地将自己的精神本性对象化到物质世界中，将"我拥有什么"当作是自己，而在"我是什么"的自我本性的追问中迷失得越来越远。丹尼尔·贝尔在《资本主义文化矛盾》一书中指出："每一个生活都必须发展经济，但为经济提供方向的最终还是养育经济于其中的文化价值系统。"现代科技推动之下，经济越发展，人们越需要养育经济的文化价值系统，完成对自我认知的引导；科技越发展，人们越需要挣脱科技所带来的物质满足，回归到人性本身。

社会价值的多元化、价值理性的边缘化、精神世界的对象化成为当代社会面临的三大价值困境。在社会价值多元化的时代背景下，工具理性当道而价值理性边缘化成为当代社会的重大价值问题，而人类精神世界的对象化，即人类自我的迷失，是隐藏在价值理性边缘化背后的更深层的价值问

题。物质世界越是辉煌壮丽,核心价值观就越面临重大考验。只有重新回归人性,高扬价值人性的大旗,核心价值观才可能在多元的价值洪流中岿然不动。

二、核心价值观的内在本质

对核心价值观本质的考察是任何关于核心价值观研究不可跨越的过程,包括对核心价值观基本内涵的分析、核心价值观基本属性的讨论,以及当前核心价值观具有的现实内涵的探究。

1. 核心价值观的基本内涵

核心价值观的基本内涵是对核心价值观最基本的理解,对核心价值观基本内涵理解的不同,决定着核心价值观研究的根本差异,因此如何理解核心价值观是核心价值观研究的首要问题。对核心价值观基本内涵的研究,内在地包含了对三个概念的分析:价值、价值观、核心价值观。

(1) 价值

国内外学者在对价值本质的追问中见仁见智,形成了诸多不同的观点,最主要的观点集中于以下几种类型:

第一种是客体属性说。这种观点认为,所谓价值是客体固有的一种属性，这种属性可以满足主体欲求，并对主体产生一定效用。客体属性说从价值的客体性入手，突出客体的自然属性与效用，强调价值对客体的不可脱离性，是一种从事物本身中寻找价值根源的思路。比如，当人们说蜡梅花很有价值，是因为蜡梅花很香很好看，买几朵蜡梅花放在客厅是非常好的选择。此时，客体属性说认为，"香"和"好看"这两种价值是蜡梅花本身所具有的属性，是因为蜡梅花本身有香气，并且美丽，人们才能得到"香"和"好看"这两种价值。

客体属性说虽然有一定的道理，但是当人们在同时使用"价值"和"使用价值"的时候，会感到难以区分，而将二者混为一谈。更为棘手的是，既然价值是内在于事物本身的属性，那么只要面对同一个事物，人们就应该有相同的价值感受。但现实生活中，往往会出现不同的人面对同一个事物有不同的价值感受的情况。比如，有的人面对那朵蜡梅花会说，它很有价值，因为它很美丽很香，但有的人却说它没有任何价值，因为在他看来蜡梅花一点都不好看，而且气味很刺鼻。

第二种是主体需要说。主体需要说认为，事物自身不具有价值，某物之所以有某种价值是因为它满足了人们的某种需要或者利益。因此，价值与事物的事实存在没有直接关系，价值是由人的需要决定的。这就解决了客体属性说的难题：为什么面对同一事物，不同的人会有不同的价值感受？因为有些人有让家里充满花香的需要，所以他会说蜡梅花很有价值；而有些人需要家中清新淡雅，没有任何气味，他就会说蜡梅花没有任何价值。正是由于不同的人有不同的需要，甚至同一个人在不同时刻会有不同的需要，所以面对同一种事物，只有能够满足他需要的人会说这个事物是有价值的，而不能满足他需要的人则认为这个事物是没有价值的。

主体需要说在西方具有较广泛的影响。德国新康德主义弗莱堡学派价值哲学奠基人文德尔班认为，"每种价值首先意味着满足某种需要或引起某种快感的东西"[①]。他认为，价值的内涵有两个层面：一面是"need（需要）"，另外一面是"want（欲望）"。不论哪一面，都是从人的需求方面来认识价值的。美国实用主义者威廉·詹姆士也指出，善的本质，简单说来就是满足需要。美国实用主义者约翰·杜威同样认为，在满足之外，没有任何价值存在。

主体需要论者突出价值的主体性一面，强调价值存在于人们对事物的反映中，用主体的需要来规定价值。但是与客体属性论一样，主体需要论在解释了一些价值问题的同时，同样面临一些新的价值难题：一方面过度强调价值主体，忽视价值客体，容易陷入价值相对主义和神秘主义的泥潭；另一方面由于人的需要和欲望不总是合理的，一味地以人的需求和欲望来定义价值，容易使个人主义、享乐主义、消费主义等负面思想泛滥。

第三种是主客关系说。主客关系说认为价值既不是事物固有的属性，也不仅仅是主体需要的满足，而是主客体相互作用的结果。价值是人们在认识和改造世界的过程中，主体与客体相互作用形成的一种满足与被满足、需要与被需要的

---

① 王克千：《价值之探索》，黑龙江教育出版社，1989年版，第49页。

关系的产物。它既不能离开客体独立存在，也不能离开主体独立存在，而是存在于主体与客体相互作用的过程中。"价值是反映价值关系实质的哲学概念。在主客体相互关系中，客体是否按照主体的尺度满足主体需要，是否对主体的发展具有肯定的作用，这种作用或关系的表现就成为价值。因此，价值是对主客体相互关系的一种主体性描述，它代表着客体主体化过程的性质和程度。"[1]

主客关系说是国内学界较为普遍的一种观点，它突破客体属性说与主体需要说过度强调问题一方的片面性，以主客体关系来规定价值，解决了两种观点各自的价值难题。但同样，价值的主客关系说也具有自身的价值困境：主客关系说在对客体属性说与主体需要说价值困境的解决中，仍然处于前两种学说划定的主客二分的认识论框架之下。主客二分的认识论框架包含有价值实用性、效用性的预设，实用性、效用性虽然可以说明价值的合理性，但却会导致将人视为工具、手段存在的危险。人作为存在本身、作为目的本身的价值内涵无法得到彰显，人在现实生活中就无法找到安身立命的精神家园。

同时，主客关系说考察的主要内容是价值主体与价值客体的关系，价值主体与价值主体之间的关系被排除在价值本质研究的范畴之外，但在现实生活中，价值问题远不止价值主体与客体之间的关系问题，还与价值主体之间的相互关系密切相关。价值主体之间的关系，往往是价值问题复杂性的

---

[1] 李德顺：《价值论》，中国人民大学出版社，1987年版，第107—108页。

缘由。

基于上述分析，可以看出当前对价值内涵的认识既不能停留在客体属性说、主体需要说的基础上，也不能停留在主客关系说的基础上，而是要突破主客二分的认识论框架，从存在论层面上把握价值的本质内涵。"价值的源泉是存在，对价值的说明总是依赖于对存在的把握，对存在不同层次的认识和理解决定着对价值认识的差异。"[①]

对于存在，传统哲学常用实体以及附属于实体的性质来定义，因此存在常常被理解为某种自然的或者超验的实体。当代哲学否定了传统哲学对存在的理解方式，不再把存在理解为人之外的某种抽象的实体，从过去抽象、超验的实体转向从人的存在本身来理解存在，即把存在理解为人自身。海德格尔在其著作《时间与存在》中指出，"形而上学不断以各种不同的方式说到存在。形而上学表示并似乎确定，它询问并回答了关于存在的问题。实际上形而上学从来没有解答过这种问题。因为它从来没有追问到这个问题。当它涉及存在时，只是把存在想象为存在者。虽然它涉及存在，指的却是一切存在者。自始至终，形而上学的各种命题总是把存在者和存在相互混淆……由于这种永久的混淆，所谓形而上学提出存在的说法使我们陷入完全错误的境地"[②]。

在此基础上，当今我们对于价值的理解同样也不应该再从人之外的某种抽象实体来把握，或者从人与这些实体之间

[①] 吴向东：《存在论的变革与价值概念的解释》，《学术研究》，2011年第3期，第1—5页。

[②] [德] 海德格尔：《存在与时间》，陈嘉映、王庆节译，生活·读书·新知三联书店，1987年版，第13页。

的关系来把握，价值就是人的存在及其所具有的意义。

(2) 价值观

作为一种社会意识，价值观集中反映一定社会的经济、政治、文化，代表人们对现实生活的总体认识、基本理念和理想追求，是人们在社会生活实践中形成的关于价值的总观点、总看法，是人们价值信念、理想信仰、价值评价等的综合体系。当我们将价值理解为人的存在及其所具有的意义时，价值观就是关于人的存在及其意义的观点。价值观虽然属于社会意识的范畴，却不等同于政治、法律、艺术等其他社会意识形态，价值观渗透在一切意识形态中，在更深层次上发挥作用。

作为一种意识形态，价值观从根本上说是人类本质的体现，是人的本质的外在表现方式。某一种价值观所表达的内容归根到底是拥有这种价值观的人的本质的具体体现。马克思曾指出："动物和自己的生命活动是直接同一的。动物不

把自己同自己的生命活动区别开来。它就是自己的生命活动。人则使自己的生命活动本身变成自己意志的和自己意识的对象。他具有有意识的生命活动。这不是人与之直接融为一体的那种规定性。有意识的生命活动把人同动物的生命活动直接区别开来。"[1] 因此，人是价值观的逻辑起点，作为意识形态的价值观在其形成与发展的过程中，必须从人自身出发，并最终回到人自身。

（3）核心价值观

依据划分标准的不同，价值观可以分为多种类型。根据所处地位的不同，价值观可以分为一般价值观和核心价值观。与一般价值观相比，核心价值观特指在整个价值体系中，居于核心地位、发挥根本作用的那些价值观。同时，根据影响范围的不同，价值观又可以分为个体价值观、群体价值观、社会价值观。根据社会形态的不同，价值观可以分为封建主义价值观、资本主义价值观、社会主义价值观等。当前，常常被提及的社会主义核心价值观，正是指在社会主义形态的国家中，居于核心地位、起根本作用的那些价值观。

具体来说，当我们从人的存在及其意义的内涵上来理解价值的时候，核心价值观的含义就是关于人的存在以及人的存在的最根本意义的看法。社会主义核心价值观就是在社会主义体制机制下，人们生活的状态以及人们生活的最根本意义所在。

从地位作用来说，核心价值观是人们的存在依据。所谓

---

[1]《马克思恩格斯选集》第一卷，人民出版社，1995年版，第46页。

存在依据，它不在事物之外，也不是与事物相并列的其他事物，而是存在着的事物本身。核心价值观同样不是存在于人们之外的某物或某种关系，而就是存在着的人本身，是人们的人格中紧紧握住的东西，是人们甘愿为之受苦甚至付出生命的东西。人们的每次自我肯定与行动，都深深地扎根于这一存在依据之内，也就是扎根于人们心中的核心价值观之中。

从形成机制上来说，核心价值观作为社会价值观的一种，其形成与发展归根到底受个体价值观的影响。

价值观有两种形成机制：自下而上与自上而下。在自下而上的社会价值观的形成机制中，个体价值观的形成是个体社会化的结果，与个体生存的社会环境密切相关；群体价值观的形成有赖于构成群体的个体，只有能够代表最多数社会个体思想观念的价值取向才能成为该群体的价值观；社会价值观的形成则是各群体价值观博弈的结果，各群体价值观相互交流碰撞，最终能够代表最大多数个体价值取向的价值观念将成为整个社会的主导价值观。最终的社会价值观不与任何一个群体或个人的价值观完全相同，却又与绝大多数群体和个人的价值观相通。"历史是这样创造的：最终的结果总是从许多单个的意志的相互冲突中产生出来的，而其中每一个意志，又是由于许多特殊的生活条件，才成为它所成为的那样。这样就有无数互相交错的力量，有无数个力的平行四边形，由此就产生出一个合力，即历史结果，而这个结果又可以看作一个作为整体的、不自觉地和不自主地起着作用的力量的产物。因为任何一个人的愿望都会受到任何另一个人的妨碍，而最后出现的结果就是谁都没有希望过的事物。"①在这一过程中，个体价值观作为社会价值观形成的基础，无疑影响着社会价值观。

自上而下的社会价值观形成机制，主要表现为某一社会或群体首先有一种价值观体系，而后通过行政指令和社会宣传的方式传递给社会群体和社会个人，使其接受并内化为自觉行为。在这种自上而下的价值观形成机制中，个体看似是价值观形成链条中的最末端，却是社会价值观成败的关键一环。"人们自己创造自己的历史，但是到现在为止，他们并不是按照共同的意志，根据一个共同的计划，甚至不是在一个有明确界限的既定社会内来创造自己的历史。他们的意向是相互交错的。"② 只有那些最终可以被个体接受内化的社会价值观才能被历史所接受，否则即使社会价值观走到形成链条的终端，也难逃夭折的厄运。而社会价值观能否被个体接纳的最根本的核心是：是否与绝大多数社会个体的价值诉求相一致，即社会价值观是否兼顾到最大多数社会个体的价值观。因此，真正决定社会价值观——包括体现其核心思想的社会核心价值观——形成与否的，是要看某种社会价值观能否经得住社会个体价值观的考验，自下而上和自上而下形成机制的区别只在于这个考验位于社会核心价值观形成的开端还是终端。"无论历史的结局如何，人们总是通过每一个人追求他自己的、自觉预期的目的来创造他们的历史，而这

---

① 《马克思恩格斯选集》第四卷，人民出版社，1995年版，第697页。
② 《马克思恩格斯选集》第四卷，人民出版社，1995年版，第732页。

许多按不同方向活动的愿望及其对外部世界的各种各样作用的合力,就是历史。"① 社会核心价值观亦如此。

2. 核心价值观的主要属性

学界对于核心价值观,尤其是社会主义核心价值观的主要属性展开了一系列的探讨,提出了各种看法。主要有以下几种观点:

首先是意识形态性。社会主义核心价值观是社会主义主流意识形态的本质和核心,在整个社会价值观系统中起主导作用,具有鲜明的社会主义特色。如王晓晖所说:"核心价值观是一定社会形态社会性质的集中体现,在社会思想观念体系中处于主导地位,决定着社会制度、社会运行的基本原则,制约着社会发展的基本方向。"② 在当代中国价值观多元化的背景下,构建中国价值观就是完善中国主流价值观,将社会主义意识形态现实化为中国社会各个领域的规章制度和文化观念,并内化为社会成员的信念和准则。因此,意识形态性是社会主义核心价值观的主要属性。

其次是人民性。社会主义本质上是人民群众自己解放自己的事业。人民群众既是社会主义国家的主体,也是社会主义社会的主体,人民群众是社会主义核心价值观的价值主体,承担着社会主义核心价值观的实现与推进;人民群众是社会主义核心价值观的价值目标,全心全意为人民服务是社

---

① 《马克思恩格斯选集》第四卷,人民出版社,1995年版,第248页。
② 王晓晖:《积极培育和践行社会主义核心价值观》,《求是》,2012年第23期,第32页。

第一章 核心价值观的内涵与时代内容

会主义核心价值观的核心内容；人民群众是社会主义核心价值观的价值评价主体，要在培育和践行社会主义核心价值观的过程中充分依靠和发挥人民群众的主体作用。因此，人民性是社会主义核心价值观的主要属性。

再次是实践性。社会主义核心价值观来源于社会主义现代化的实践，来源于改革开放的实践，来源于社会主义精神文明的实践。同时，社会主义核心价值观成长于经济发展实践和社会治理各领域，其真正生命力就在于它根植于经济社会发展和变迁之中，有自身的生产与再生产机制。而且，社会主义核心价值观在广大人民群众的实践活动中得以壮大。[1]社会主义核心价值观的生命力就在于实践。因此，实践性是社会主义核心价值观的主要属性。

---

[1] 辛向阳：《社会主义核心价值观的生命力在于实践性》，《北京日报》，2014年1月12日。

我们认为，意识形态性、人民性、实践性毫无疑问都是社会主义核心价值观的重要属性，是当下社会主义核心价值观重构不可忽视的重要内容。不过，当社会主义核心价值观作为在社会主义体制机制下，对生活在其中的人们和人们生活意义的探索时，对其主要属性的理解还应该从人的存在本身展开。

第一，核心价值观生命力的强度，与核心价值观所表达的人的存在及其意义的契合程度成正相关关系。意识形态性表明核心价值观的重要地位与主导作用，但要能顺利实现核心价值观对其他价值观的引领作用，还有赖于核心价值观的属人性质。属人性质是社会主义核心价值观的认同基础，它既体现社会要求又体现个体诉求，具有更大的包容性和广泛性。

第二，人作为有意识的存在物，决定了人们对于意义追求的必然性。在世界的诸多存在中，人与其他存在最大的区别就是人是有意识的存在。人作为有意识的存在，不仅自在地存在于世界之中，而且自为地存在着。一方面，人类特有的意识能力，让人们不单单安于基本的生命活动，而且驱使人们不断地追问自身存在的意义，以及生活和世界的价值；另一方面，也只有人，才有能力揭示其所处的外在世界的意义和其自身生活的价值。不断地创造价值，并对自己的选择负责，这就是人的本性。正如海德格尔所说："一切存在者均有其存在，而只有人才关系其他存在者的存在，才可称为存在问题的提出者和追问者，揭示存在的意义。"[1] 核心价值观正是人的意识作用下，对于世界意义的追问和生活价值的揭示。

第三，世界是人本质力量的展现。人通过自身的感性活动（实践）构建人类社会、人化自然以及人本身，进而构建了人类的现实世界以及现实世界的意义。马克思说："工业的历史和工业的已经生成的对象性的存在，是一本打开了的关于人的本质力量的书，是感性地摆在我们面前的人的心理学；对这种心理学人们至今还没有从它同人的本质的联系，而总是仅仅从外在的有用性这种关系来理解。"[2] 也就是说，人的感性活动的过程是本质对象化的过程，人通过感性活动将自己的本质对象化到自然界、人类社会以及其他个体中，从而创造着一个属人的自然、社会和人自身。人一方面是这一切活动的创造者，另一方面又是这些活动的结果。"整个所谓世界历史不外是人通过人的劳动而诞生的过程"[3]，"这种活动、这种连续不断的感性劳动和创造、这种生产，正是整个现存的感性世界的基础"[4]。

总之，核心价值观是关于人的存在以及存在最根本的意义的看法，简言之，就是关于人们生活状态以及人们生活的

---

[1] 吴向东：《存在论的变革与价值概念的解释》，《学术研究》，2011年第3期，第1—5页。
[2]《马克思恩格斯全集》第三卷，人民出版社，2002年版，第306页。
[3]《马克思恩格斯全集》第三卷，人民出版社，2002年版，第310页。
[4]《马克思恩格斯选集》第一卷，人民出版社，1995年版，第77页。

最根本的意义的追寻。社会主义核心价值观是特指在社会主义体制机制下,对人们的生活状态以及生活的最根本意义的探索。核心价值观是人运用意识,通过感性活动在创造世界的同时所创造的。核心价值观在多大程度上与人的存在及其意义相结合,就能多大程度实现其对多元价值的引领和指导。

3. 核心价值观的现实内涵

核心价值观在追寻人生存的根本意义的同时,是一场让人恢复其本来和原初性质的一种尝试。当前,在人类面临生存性焦虑的价值境遇中,如何使得人同被隔离的本性重新结合,是核心价值观重构的根本要求。社会主义背景下,对核心价值观的理解应该抓住人及其本性,从以下几个方面展开:

(1) 以提升现实人的精神为核心任务

梁漱溟在《东西文化及其哲学》中曾根据人与世界的不同关系,把一个民族的文化分成精神生活、社会生活和物质生活三个方面。他认为文化总括起来,不外三方面:"一是精神生活方面,如宗教、哲学、科学、艺术等是。宗教、文艺是偏于感情的,哲学、科学是偏于理智的。二是社会生活方面,我们对于周围的人——家族、朋友、社会、国家、世界——之间的生活方法都属于社会生活一方面,如社会组织,伦理习惯,政治制度及经济关系是。三是物质生活方面,如饮食、起居种种享用,人类对于自然界求生存的各种是。"[1] 核心价值观的核心任务正是通过对人的精神生活、社会

---

[1] 梁漱溟:《东西文化及其哲学》,商务印书馆,1999年版,第19页。

生活和物质生活的改善，最终提升现实人的精神文化素养。

首先，精神生活是核心价值观关注的首要领域。精神性的存在是人与动物最根本的区别，是人之所以为人的根本体现。《论语》中孔子"去兵去食不可去信"之说，也反映出人精神追求的最高地位。"子贡问政。子曰：'足食，足兵，民信之矣。'子贡曰：'必不得已而去，于斯三者何先？'曰：'去兵。'子贡曰：'必不得已而去，于斯二者何先？'曰：'去食。自古皆有死，民无信不立。'"当前，核心价值观最核心、最根本的任务就是对人们精神生活的观照。核心价值观应成为社会个体是否有相应的精神生活，社会个体的自我能否在现实生活中自如彰显，以及人是否成为社会评判中首要的评价标准；同时，核心价值观要能为社会个体提供人们何以存在的精神动力、提供应对人生突发事件的精神支持、提供人们将走向何方的意义层面的精神追求，并且在整个社会中形成以人性的充分展现为最终价值评判标准的社会价值导向。

其次，社会生活是核心价值观关注的重要内容。人的社会生活主要是指人们的社会关系状况，即人们与周围的人之间的互动关系。1845年，马克思在《关于费尔巴哈的提纲》中指出："本质只能被理解为'类'，理解为一种内在的、无声的、把许多个人自然地联系起来的普遍性。"[1]"费尔巴哈把宗教的本质归结于人的本质。但是，人的本质不是单个

---

[1]《马克思恩格斯选集》第一卷，人民出版社，1995年版，第56页。

人所固有的抽象物，在其现实性上，它是一切社会关系的总和。"① 可见，社会个体本质上都是一定社会关系的总和，而承载这些社会关系的应该是人与人之间的关怀。核心价值观应该强化和巩固社会个体的社会关系，并推动社会关系向健康模式发展。社会个体是否有良好的社会关系，维系这些社会关系的是否是温暖而非冷漠的符合人性的互动模式，都是核心价值观需要关注的问题。

再次，核心价值观对物质生活的关注，也是不可忽视的。这包括对人的物质生活以及获取物质生活的劳动的观照。"我们首先应当确定一切人类生存的第一个前提，也就是一切历史的第一个前提，这个前提是：人们为了能够'创造历史'，必须能够生活。但是为了生活，首先就需要吃喝住穿以及其他一些东西。因此第一个历史活动就是生产满足这些需要的资料，即生产物质生活本身，而且，这是人们从几千年前直到今天单是为了维持生活就必须每日每时从事的历史活动，是一切历史的基本条件。"② 核心价值观要有利于社会个体基本物质生活需求的满足，同时，还要有利于获取物质资料的劳动的满足。"劳动作为以这种或那种形式占有自然物的有目的的活动，是人类生存的自然条件，是同一切社会形式无关的、人和自然之间的物质变换的条件。"③

---

① 《马克思恩格斯选集》第一卷，人民出版社，1995年版，第60页。
② 《马克思恩格斯文集》第一卷，人民出版社，2009年版，第531页。
③ 《马克思恩格斯全集》第三十一卷，人民出版社，1998年版，第429页。

社会个体劳动的需求是否得到满足，社会个体对劳动的环境与回报的期望是否达到，都是当前核心价值观应该关注和体现的基本内容。

(2) 以满足现实人的需要为根本立场

"满足生存发展需要，是人类活动的根本目的和根本动力。只要有需要就有价值，而且需求度越高其价值也就越高。人类与社会主义之间有一种基本的价值关系。"① 在核心价值观重构过程中，一方面，是否与人的需要相吻合应该成为核心价值观建设的出发点；另一方面，是否满足人的正当需要是政府和社会践行核心价值观的落脚点。这至少包括两个方面的内容：第一，在政府部门、社会组织与人民群众的关系问题上，政府部门和社会组织要从管理人民群众向服

---

① 田海舰：《社会主义核心价值体系的现实目标和根本追求》，《河北大学学报（哲学社会科学版）》，2011年第10期。

务人民群众的理念转变。在实践活动中，它们之间不是以政府部门或者社会组织，而是以人民群众为核心的互动关系，政府部门和社会组织应当成为人民群众需要的提供者和服务者。第二，在社会部门和社会组织的制度设计问题上，要将满足人民的需要、解决人民的实际问题作为真正的出发点、落脚点和最高检验标准。社会制度是核心价值观的具体体现，核心价值观以满足人民群众的需要为核心，就要求社会制度将人民群众的需要和问题的解决作为最高标准。体现在实际工作中，当政府遇到人民群众的需要在现有制度中没有规定或者与现有制度相冲突的情况时，不应该以制度空缺或与制度规定不符拒绝人民群众的正当要求，而应在积极解决人民群众实际问题的同时，及时调整和完善相应的社会体制机制。

（3）以实现人的自由全面发展为最终目标

核心价值观最终的价值目标是人性最充分的展开，即人的自由全面发展。人的自由全面发展是个体按照其内在固有本性的要求不断发展，而不是被动地从属于偏离和压抑个体本性的任何外力的胁迫发展。马克思指出："人是一个特殊的个体，并且正是他的特殊性使他成为一个个体，成为一个现实的、单个的社会存在物。"[1] 在《德意志意识形态》中，马克思从"现实的个人"出发，提出了个人发展的三个历史类型："有生命的个人"、"偶然的个人"和"有个性的个人"。其中，"有生命的个人"是在生存条件低下的情况，

---

[1]《马克思恩格斯全集》第四十二卷，人民出版社，1979年版，第123页。

个体为了生存本能地依附于所处的群体，形成了"人的依赖关系"。对大自然的崇拜、对人化的各种神灵的崇拜成为当时人们的内在价值观。"偶然的个人"是"以物的依赖为基础的人的独立性"阶段的社会个体，劳动异化的存在使得人们在商品的交换中依附于资本，成为资本的奴隶，于是，人为物所奴役，人被物化，对金钱、商品、货币、资本的崇拜占据了人们的价值观世界。只有到"自由个性"阶段，个体才能摆脱对人和对物的依赖，使劳动重新成为人本质的外化，以一种独立的占有自己全部人类本质的方式生存。个体的自我发展应该打破"有生命的个人"和"偶然的个人"的存在，追求个体在个性方面自由全面的发展，实现"有个性的个人"的存在。核心价值观把人的自由全面发展作为人们的终极价值目标，正是给了人们一把破除异化的钥匙，帮助人们重新找回人类本质和与生命品质相符合的核心价值。

核心价值观以实现人的自由全面发展为最终目标，这就要求将人的自由而全面的发展作为整个社会的评价标准，推动"偶然的个人"向"全面发展的人"的转变。当下社会以建立在"对物的依赖"基础上的"偶然的个人"为主，对物的崇拜成为社会评价的主要标准，这种评价标准使得社会个体被现实生活所绑架，从而丧失本性，迷失自我。社会主义核心价值观从人的本性出发，就应当以个人自由全面发展的程度作为社会评价标准，将"偶然的个人"从物的泥潭中拉出，换之以人类本性的光辉。

三、核心价值观的时代内容

当前中国的核心价值观,就是十八大报告提出的"社会主义核心价值观",其具体内容在2013年12月23日中共中央办公厅印发《关于培育和践行社会主义核心价值观的意见》(以下简称《意见》)中正式认定为"富强、民主、文明、和谐,自由、平等、公正、法治,爱国、敬业、诚信、友善"这24个字,即十八大提出的"三个倡导"。这一内容的提出经历了一个长期的过程,包含了多元价值观相互融合的成果,具有鲜明的时代意义。

1. 社会主义核心价值观的发展历程

"三个倡导"的提出并不是一蹴而就的,而是经历了一个漫长的研究讨论过程。从最初的社会主义核心价值体系的提出,到学界对社会主义核心价值观凝练的大讨论,最后在破解了一个个理论难题之后,才逐渐形成这一理论成果。

(1) 社会主义核心价值体系的提出

社会主义核心价值观的直接来源是社会主义核心价值体系。2006年党的十六届六中全会首次提出"社会主义核心价值体系",会议明确指出,马克思主义指导思想,中国特色社会主义共同理想,以爱国主义为核心的民族精神和以改革创新为核心的时代精神,社会主义荣辱观,构成社会主义核心价值体系的基本内容。社会主义核心价值体系在和谐社会的背景中提出,是结合中国的传统文化、历史经验以及当代中国所处的时代主题形成的,是中国执政理念前后传承的具体体现。

第一,马克思主义指导思想。马克思主义深刻揭示了人类社会发展规律,坚定维护和发展最广大人民根本利益,是指引人民推动社会进步、创造美好生活的科学理论,是我国立党立国的根本指导思想。在社会主义核心价值体系中居于最高层面,是社会主义核心价值体系的灵魂。

马克思主义是无产阶级的思想武器,是维护无产阶级利益的理论武器。回顾中国近代历史,正是由于中国人民选择了马克思主义,成立了中国共产党,从而在中国共产党的带领下成功推翻帝国主义、封建主义与官僚资本主义的三重压迫，建立了社会主义新中国。改革开放以来，又是在马克思主义理论的指导下，我国的社会日新月异，从社会生产力较为落后的状况发展为世界第二大经济体，以占全球3%的土地成功地解决了占全球21%的人口的温饱问题。毫无疑问，在未来的发展过程中，马克思主义仍将是中国最重要、最根本的指导思想。

第二，中国特色社会主义共同理想。中国特色社会主义是当代中国发展进步的根本方向，集中体现了最广大人民的根本利益和共同愿望，是中国理论联系实际的最新经验总结。

作为一种理想，中国特色的社会主义就是要解放生产力，发展生产力，消灭剥削，消除两极分化，最终达到共同富裕。中国特色的社会主义，从最广大人民的利益出发，集中代表了我国工人、农民、知识分子和其他劳动者、建设者、爱国者的利益和愿望，具有很强的广泛性和包容性，把国家、民族与个人紧紧地联系在一起，成为全国各族人民共同的伟大理想。

作为一种途径，中国坚持一切从实际出发，实事求是地走中国特色的道路。坚持实践是检验真理的唯一标准，准确把握社会主义初级阶段的基本国情，抓住改革这一前进的动力，开展中国特色的社会主义建设。社会主义市场经济体制、一国两制的方针政策、人民代表大会制度以及共产党领导的多党合作和政治协商制度等都是中国坚持社会主义道路与中国实际相结合的优秀成果。

第三，以爱国主义为核心的民族精神和以改革创新为核心的时代精神。爱国主义是中华民族最深厚的思想传统，最能感召中华儿女团结奋斗；改革创新是当代中国最鲜明的时代特征，最能激励中华儿女锐意进取。

爱国主义是中国优秀传统文化的体现，也是中华民族特有民族精神的体现。民族精神作为一个民族赖以生存和发展的精神支撑，是各个民族文化的积淀与传承。十六大报告中指出："在五千多年的发展中，中华民族形成了以爱国主义为核心的团结统一、爱好和平、勤劳勇敢、自强不息的伟大民族精神。"以爱国主义为核心的民族精神，就是长期以来，中华民族特有的团结统一、爱好和平、勤劳勇敢、自强不息的民族精神的集中体现。同时，要以爱国主义为核心的民族精神来鼓舞人心，就是要在现实中传递团结统一、爱好和平、勤劳勇敢、自强不息的精神。爱国主义是中华民族精神的核心，团结统一、爱好和平、勤劳勇敢、自强不息是中华民族精神的具体内容，也是爱国主义的具体表现形式。

时代精神与民族精神紧密相连，一个民族的发展只有同时弘扬自身优秀传统与时代精神，才能真正地屹立于世界民族之林。《公民道德建设实施纲要》第六条明确指出，要继承中华民族几千年形成的传统美德，同时，积极借鉴世界各国道德建设的成功经验和先进文明成果。在全社会大力宣传和弘扬解放思想、实事求是，与时俱进、勇于创新，知难而进、一往无前，艰苦奋斗、务求实效，淡泊名利、无私奉献的时代精神，使公民道德建设既体现优良传统，又反映时代特点，始终充满生机与活力。这些时代精神的具体内容，是中国社会建设的宝贵经验总结，也是中国社会主义事业得以蓬勃发展的重要根据，需要我们在未来继续坚持和发扬。

第四，社会主义荣辱观。2006年3月4日，胡锦涛总书记在参加全国政协十届四次会议民盟、民进界委员联组讨论时提出,"以热爱祖国为荣、以危害祖国为耻,以服务人民为荣、以背离人民为耻,以崇尚科学为荣、以愚昧无知为耻,以辛勤劳动为荣、以好逸恶劳为耻,以团结互助为荣、以损人利己为耻,以诚实守信为荣、以见利忘义为耻,以遵纪守法为荣、以违法乱纪为耻,以艰苦奋斗为荣、以骄奢淫逸为耻"是社会主义荣辱观的主要内容。其中"以诚实守信为荣、以见利忘义为耻"又是社会主义荣辱观最重要和根本的内容。以"八荣八耻"为主要内容的社会主义荣辱观,明确了当代现实生活最基本的价值取向和行为标准,为人们提供了划分是非美丑的基本标准,体现了社会主义道德的基本要求,是当前社会风尚的根本要求。

总之,以马克思主义为指导思想,以中国特色社会主义为共同理想,以爱国主义为核心的民族精神和以改革创新为核心的时代精神以及社会主义荣辱观所构成的社会主义核心价值体系是一个有机整体。十七届六中全会指出:"坚持用社会主义核心价值体系引领社会思潮,在全党全社会形成统一指导思想、共同理想信念、强大精神力量、基本道德规范。"其中,马克思主义指导思想是社会主义核心价值体系的灵魂,中国特色社会主义共同理想是社会主义核心价值体系的主题,以爱国主义为核心的民族精神和以改革创新为核心的时代精神是社会主义核心价值体系的精髓,社会主义荣辱观是社会主义核心价值体系的基础。这四个要素相辅相成、有机统一,共同构成一个完整的价值体系。

(2) 社会主义核心价值观的凝练

社会主义核心价值体系内容丰富、系统全面,但内容众多又给准确理解和宣传教育带来一定的难度。近年来,社会主义核心价值观凝练的呼声越来越高,学界展开了一场关于社会主义核心价值观凝练的大讨论。

第一,关于社会主义核心价值观内容的讨论。究竟什么是社会主义核心价值观,学者们仁者见仁、智者见智。根据学者们概括社会主义核心价值观的不同角度,可以分为三种主要类型:本质论、发展论和超越论。

本质论认为,只有能够反映社会主义本质的价值观,才是社会主义核心价值观。因此在概括社会主义核心价值观时,从能否反映社会主义本质的角度加以凝练。如:李汉秋提出社会主义核心价值观应该是公平、正义、仁爱、和谐,因为这些价值范畴都是社会主义本质的内在要求;林尚立认为,"应该从劳动者的立场出发,以实现人的全面发展为出发点,积极吸收现代意识形态发展的成果,在公共利益与个体权利的平衡框架内,确立社会主义的自由观、平等观、民主观,从而丰富和完善社会主义价值体系"。据此,当代中国的核心价值观应该是"以人为本,以和为贵,以法为基,以公为善"。发展论着重从当前中国社会主义社会的发展和现代化建设的角度出发,认为只有能够促进当前中国社会主义现代化事业发展的概念范畴,才是社会主义核心价值观的内容。比如,李抒望认为,要构建一个社会主义的和谐社会的基本价值诉求是"利益多元化"、"共同富裕"和"以人为本"。超越论通过对西方核心价值观的研究和对比,提出社会主义核心价值观是对资本主义核心价值观的超越。因而从对资本主义核心价值观的扬弃中凝练社会主义核心价值观。比如,吴向东指出,资本主义的价值观是"个人主义、功利主义、自由主义和理性主义",与此相对应,"当代社会主义价值观是由新集体主义、人民功利主义、自由—民主主义、实践理性主义所构成的价值体系"。

第二,关于社会主义核心价值观是一元还是多元的讨论。一些学者认为,社会主义核心价值观包括多个构成要素,共同构成社会主义核心价值观的主要内容。一些学者则认为,社会主义核心价值观不应该是多种要素共同构成,而应该是唯一的。因为社会主义的核心价值观与社会主义基本价值观是有区别的。作为社会主义基本价值观其内容可以是多元的,而社会主义核心价值观的内容却只能是一个。因此,这些学者们分别将"共同富裕"、"社会的公平正义"、"公民的普遍幸福"、"人的自由全面发展"等视为社会主义核心价值观的主要内容。

第三,关于社会主义核心价值观在具体领域、具体区域的概括讨论。在社会主义核心价值体系建设的实践过程中,各级政府与各种单位团体也在积极探索本领域内相应的核心价值,为社会主义核心价值观凝练提供了丰富的实践经验。2008年12月底,胡锦涛在军队一次重要会议上提出,要围绕强化官兵精神支柱,大力培育"忠诚于党、热爱人民、报效国家、献身使命、崇尚荣誉"的当代革命军人核心价值观。2011年,《求是》杂志刊文总结出政法委政法干警的核心价值观是"忠诚、为民、公正、廉洁"。2011年11月2日,北京市公布了历时18个月,经293万北京市民投票选出的八字"北京精神":"爱国、创新、包容、厚德"。2011年11月25日,上海市提出"公正、包容、责任、诚信"的价值取向以践行社会主义核心价值体系。

随着社会主义核心价值体系研究的不断深入，国家在综合各方意见和研究成果的基础上，在十八大报告中提出"倡导富强、民主、文明、和谐，倡导自由、平等、公正、法治，倡导爱国、敬业、诚信、友善，积极培育和践行社会主义核心价值观"，推动社会主义核心价值体系研究进入新阶段。这是首次在党的报告中使用"社会主义核心价值观"这一概念，对其概念本身的合理性给予肯定，消除了部分学者对使用社会主义核心价值观概念的质疑；同时，十八大报告提出的"三个倡导"，对社会主义核心价值观的基本内容作出界定，在一定程度上明晰了学界对社会主义核心价值观凝练的界限与范围。直到2013年底，中央办公厅下发的《意见》进一步指出，富强、民主、文明、和谐是国家层面的价值目标，自由、平等、公正、法治是社会层面的价值取向，爱国、敬业、诚信、友善是公民个人层面的价值准则，这24个字是社会主义核心价值观的基本内容，为培育和践

行社会主义核心价值观提供了基本遵循。至此，当前社会主义核心价值观的基本内容被确定为"三个倡导"。从而，将学界关于社会主义核心价值观凝练问题的讨论带入对"三个倡导"具体内容分析讨论的新阶段。

（3）社会主义核心价值体系与社会主义核心价值观的关系

社会主义核心价值体系与社会主义核心价值观之间的关系，贯穿于社会主义核心价值研究的全过程。随着社会主义核心价值观基本内容的明朗化，社会主义核心价值体系与社会主义核心价值观的相互关系也在学界基本达成共识。

2013年底，中央办公厅下发的《意见》中指出，社会主义核心价值观是社会主义核心价值体系的内核，体现社会主义核心价值体系的根本性质和基本特征，反映社会主义核心价值体系的丰富内涵和实践要求，是社会主义核心价值体系的高度凝练和集中表达。2014年，刘云山在《着力培育和践行社会主义核心价值观》的文章中，进一步对核心价值观和核心价值体系的关系给出了阐释。

核心价值观与核心价值体系的关系有内在一致性。核心价值观与核心价值体系方向一致，都体现了社会主义意识形态的本质要求，体现了社会主义制度在思想和精神层面的质的规定性，凝结着社会主义先进文化的精髓，是中国特色社会主义道路、理论体系和制度的价值表达，是实现中华民族伟大复兴的中国梦的价值引领。核心价值观与核心价值体系都坚持重在建设，就是要弘扬共同理想、凝聚精神力量、建设道德风尚，都是为了形成全民族奋发向上、团结和睦的精神纽带，使我们的国家、民族、人民在思想和精神上强起来，更好地坚持中国道路、弘扬中国精神、凝聚中国力量。

同时，核心价值观与核心价值体系的关系又各有侧重。相比于社会主义核心价值体系，社会主义核心价值观有这样几个鲜明特点：一是更加突出了核心要素。社会主义核心价值体系包括马克思主义指导思想、中国特色社会主义共同理想、民族精神和时代精神、社会主义荣辱观四个方面，是一个系统性、总体性的框架，而社会主义核心价值观强调的"三个倡导"，则更清晰地揭示了这个价值体系的内核，确立了当代中国最基本的价值观念。二是更加注重了凝练表达。社会主义核心价值观倡导的富强、民主、文明、和谐，自由、平等、公正、法治，爱国、敬业、诚信、友善，明确了国家、社会、公民三个层面的价值目标、价值取向、价值准则，是社会主义核心价值体系的凝练表达，符合大众化、通俗化要求，便于阐发、便于传播。三是更加强化了实践导向。社会主义核心价值观强调的"三个倡导"指向十分明确，每个层面都对人们有更具体的价值导向，是实实在在的要求，规范性和实践性都很强，便于遵循和践行。培育和践行核心价值观，为推进核心价值体系建设进一步明确了切入点和工作着力点，有利于更好地把各项任务落到实处。

2. 社会主义核心价值观的文化阐释

"三个倡导"的提出，表明核心价值观的研究已从"什么是社会主义，怎样建设社会主义"转到"建设什么样的社会主义"的问题上来，表明对中国特色社会主义的认识从制度层面转到了价值层面。"三个倡导"是社会主义核心价值观研究的最新成果。

(1) 以中国特色社会主义价值为主导价值

文化的历史性与社会性决定了任何一种文化都是对历史文化形态和现实文化形态的继承与融合。价值观作为精神文化的一种，同样如此。

多元文化是中国历来的价值背景。中华文明伊始，就有百家争鸣的文化盛况，之后在儒学占主导地位的同时，其他思潮共同发展。中华文明作为一种完整的文明在多元文化中不断推进。鸦片战争后，中国的大门被打开，中华文明在中华民族独立的革命运动中与各种外来文化相互激荡。在旧民主主义革命中，无数仁人志士不断抗争无果后，最终在马克思主义思想的指导下实现了新民主主义革命的胜利，并通过社会主义革命建立了社会主义新中国。中国文化经历了两千多年的封建文化、半个多世纪的半殖民地半封建文化，以及新民主主义文化和马克思主义文化，中国人的价值观念受到中国传统文化、封建文化、半殖民地半封建文化、新民主主义文化以及马克思主义文化的多元浸染。

改革开放后，全球化的浪潮席卷中国，西方各种文化思潮大量涌入中国，并以其特有的异质性、开放性、时代性迅速在中国人的价值领域中占据一方天地。当代国人成为中国传统社会复杂文化与西方资本主义社会思想行为的集合体。在这诸多文化价值思潮的相互碰撞冲突中，现代中国人逐渐丢失了原有价值观念，信仰缺失、价值迷失、信任流失等价值问题日趋明显。

社会主义核心价值观的使命是要实现对中国社会主义初级阶段多元文化价值的引领，消除或减少各种文化价值中的消极因素。如何甄别各类文化中的优秀价值，合理安排各种文化的价值排序，尤其是如何吸收马克思主义思想、西方文明、中国传统文化的价值内核成为社会主义核心价值观面对的主要问题。

"三个倡导"的第一个倡导"富强、民主、文明、和谐"正是对中国特色社会主义价值取向的直接体现，在"三个倡导"中占据首要位置，反映了社会主义核心价值观培育中国特色社会主义意识形态不可取代的主导地位。"富强、民主、文明、和谐"是中国当前建设社会主义现代化国家的现实目标，是立足中国基本国情对当前中国基本路线的重大设计，直接指导中国特色社会主义初级阶段的基本纲领，同时契合了社会主义初级阶段新型发展模式的要求。从最初强调物质文明，到"两手抓、两手都要硬"强调物质文明和精神文明，再到强调政治文明与和谐社会，最后到提出"美丽中国"的思想，当前中国进行的是政治、经济、文化、社会、生态文明"五位一体"的发展模式,"富强、民主、文明、和谐"正是"五位一体"发展模式的目标要求。总之,"富强、民主、文明、和谐"立足中国当前社会主义初级阶段的基本国情,抓住了中国特色社会主义现代化建设的目标理想,展现了中国特色社会主义价值取向占据社会主义核心价值观培育的首要和核心地位,是提升中国特色社会主义道路和社会主义制度优越性的重要保障。

(2) 以西方文明中的有益资源为重要借鉴

第二个倡导"自由、平等、公正、法治"体现了党对中西价值关系认识的重点深化,是党在社会主义核心价值观培育过程中对西方价值文化吸收借鉴的体现。在对社会主义核心价值观凝练问题的讨论中,学界曾就如何对待中西方价值问题展开过激烈的思想交锋,超越论与驳斥论从相同的问题出发却提供了两种风格迥异的价值路向。

超越论者认为,社会主义与资本主义代表着不同层次的人类文明进程,作为更先进的社会主义文明,其核心价值观应该是对资本主义价值观的扬弃与超越。驳斥论者同样从中西价值比较出发,却主要集中在对普世价值的排斥上,认为资本主义国家将带有资本主义性质的价值观宣扬为普世价值,不应该存在于社会主义核心价值观的价值范畴内。双方虽然都各有理据,但前者有一种对中国历史现实重视不够的浪漫情怀,后者则有一种对西方价值重视不足的文化固守。

纵向来看,超越论的基础是资本主义,但不论在制度形态上还是思想形态上,资本主义都没有在中国社会真正形成过,也就是说,中国特色的社会主义核心价值观并不具备超越资本主义价值观的现实基础。横向来看,驳斥论者排斥的主要对象是普世价值外衣下的西方文化价值,然而不论从我国和平发展的外交政策还是中国文化强国的战略目标,社会主义核心价值观的培育都无法忽视西方文化价值封闭发展。强化意识形态差异不利于营造良好的国际局势,中国要成为文化强国就要在凝聚国人精神的同时,还要在国际中获得话语权。

"三个倡导"的第二个倡导"自由、平等、公正、法治"正是站在世界的高度,吸收人类文明,将西方价值文明融入中国特色社会主义的价值追求中。西方重视个体自由、平等、公正的权利要求,使我们在与西方社会交流合作的过程中,关注个人权益,关注自由、平等、公正、法治这些原本并非中国传统文化中突出的价值内核。对"自由、平等、公正、法治"的倡导,符合世界交流合作趋势,有助于中国与世界各国尤其是意识形态不同的西方国家的合作,吸收借鉴西方文明中符合中国国情的价值观念,是中国社会主义文化走向世界的有利保障。不过,"自由、平等、公正、法治"在不同的历史背景下具有不同的现实含义,社会主义制度下的"自由、平等、公正、法治"不简单地等同于资本主义制度下的"自由、平等、公正、法治","三个倡导"中的"自由、平等、公正、法治"是在全面建成小康社会的社会主义实践中来理解和运用的。

(3) 以中国传统文化价值为内在根基

培育社会主义核心价值观内在包含两个价值目标:对内凝聚本国人民的力量,巩固全党全国各族人民团结奋斗的共同思想基础;对外树立中国文化形象,引领世界文化潮流。前者是培育社会主义核心价值观的直接目标和首要任务,后者是培育社会主义核心价值观的重要使命与远大目标;前者是社会主义核心价值观内在本质的根本展现,后者是社会主义核心价值观内在本质的辐射延伸。二者共同构成培育社会主义核心价值观的目标体系,而前者始终是后一目标实现的价值基础,前一目标实现与否直接决定着后一目标成功与否,因此培育社会主义核心价值观的首要任务还在于如何在本国人民内部凝聚力量形成共识,得到本民族广大人民的认同。而要想得到本民族广大人民的认同,扎根于本民族的传统文化就成为应有之义。

中国传统文化是一种道德文化,注重将个人品德修养作为培育人和建立国家秩序的根本核心和重要手段。儒家学说作为中国传统文化的主流和重要组成部分,是凝成中华民族精神的重要来源。牟宗三曾对中国文化评述如下:"察业识莫若佛,观事变莫若道,而知性尽性,开价值之源,树立价值之主体,莫若儒。"儒学在一定意义上代表了中国传统文化，其对个人道德品格的要求更是非常高。正如孟子所言："人有恒言，皆曰：'天下之本在国，国之本在家，家之本在身。'"(《孟子·离娄上》)因此，要实现治国平天下的远大理想，最根本的还是个人良好道德品格的养成。儒学围绕如何成为一个"内圣外王"的贤德之人，展开了一系列关于"道德"内涵、"修身"之法的探讨，形成了中华民族丰富而深厚的道德文化传统。

> 第三个倡导"爱国、敬业、诚信、友善"，正体现了社会主义核心价值观培育的道德情怀。

> 注重个人品质要求，重申了个人德行养成对于治国平天下的重要性。

"三个倡导"的第三个倡导"爱国、敬业、诚信、友善"，正体现了社会主义核心价值观培育的道德情怀，是对中华五千年优秀传统文化的传承与回应。"爱国、敬业、诚信、友善"注重个人道德品质的培育，重申了个人德行养成对于治国平天下之重要性，是中国实现文化强国之路的重要途径与方式。不过"爱国、敬业、诚信、友善"虽然体现了中华传统文化注重个人道德修养培育的思想内涵，但作为现代中国公民道德建设的一个方面，体现的是对当代公民最基本的要求，在品德养成的高度上与中国传统价值观对个人"内圣外王"的要求还有很大距离。孔子曾根据个人道德养成的不同程度划分出五种人，"人有五仪：有庸人，有士，有君子，有贤人，有大圣"（《荀子·哀公》）。圣人作为道德的最高境界，处于最高阶段，之下还有贤人、君子、士、庸人四个层次。"爱国、敬业、诚信、友善"之于孔子的"五仪"，作为对个人精神性的指导，其提升的空间可见一斑。因此，在培育社会主义核心价值观的过程中还可以挖掘更深层次的中华文化价值。

总之，十八大"三个倡导"与社会主义核心价值观的提出，是党和国家对社会主义核心价值体系建设的重大推进。"三个倡导"内在地体现了培育社会主义核心价值观的多元文化融合的路径：第一个倡导"富强、民主、文明、和谐"是培育社会主义核心价值观对中国特色社会主义价值理念的融合，是"三个倡导"中首要的和核心的价值观念，决定社会主义核心价值观的根本性质，为中国特色社会主义的发展指明前进方向。第二个倡导"自由、平等、公正、法治"是培育社会主义核心价值观对西方文化价值的借鉴。要更快实现"富强、民主、文明、和谐"的价值目标，就需要吸收具有西方文明特色的"自由、平等、公正、法治"的现代化社会理念，为中国特色社会主义的现代化建设提供有力的智力支撑和国际话语体系保障。第三个倡导"爱国、敬业、诚信、友善"是培育社会主义核心价值观对中国传统文化价值取向的融合，是凝聚中华民族、团结广大人民的价值要素和价值根基，是中华民族实现"富强、民主、文明、和谐"的价值目标的独特方式。培育社会主义核心价值观，就是要通过中华民族"爱国、敬业、诚信、友善"特有的道德行为方式,借鉴西方"自由、平等、公正、法治"的现代化思想,为实现中国"富强、民主、文明、和谐"的社会主义现代化目标不断努力奋斗。

3. 社会主义核心价值观的时代意义

经历了反复研究讨论而提出的"三个倡导",不仅包含了上述多元的价值观相互融合的成果,而且充分体现着核心价值观内在的属人性质。

在对人的现实生活的关注中,"三个倡导"的"富强"体现了社会主义核心价值观对社会个体物质生活状况的观照;"民主"、"平等"、"公正"、"法治"、"文明"、"和谐"则体现了对社会个体获取物质生活资料而开展劳动的环境的观照;"自由"、"爱国"、"敬业"体现了对社会个体精神生活和人性追求的观照;"诚信"、"友善"体现了对社会个体社会关系及其互动模式的观照。在人的需求的层面上,"三个倡导"中的"民主"、"平等"、"公正"、"法治"、"文明"、"和谐"反映出社会个体对所处社会环境的需求;"自由"、"富强"反映出社会个体生存状态的需求;"诚信"、"友善"反映出社会个体交往对象的需求。在人的自由全面发展的最高目标层面上,"三个倡导"中"自由"的价值观念直接体现了价值目标的内涵;"民主"、"平等"、"公正"、"法治"、"文明"、"和谐"体现了实现这一价值目标的制度条件保障;"富强"、"诚信"、"友善"、"爱国"、"敬业"体现了实现人的自由而全面发展这一价值目标的社会文化氛围。

就社会主义核心价值观的建设而言,在坚持"三个倡导"属人性质的基础上,要继续挖掘社会主义核心价值观中人的存在意义。

首先,社会主义核心价值观应加强属人性质的深度挖掘。对人的精神生活及其最高精神人性的观照为首位,人的社会关系及其互动模式其次,人的物质生活及其获得物质生活资料的手段为基本。人的精神生活及其最高精神人性的观照是其最核心和最本质的内容,人的社会关系及其互动模式作为其重要补充,物质生活的观照作为基本前提而存在,后两者以人的精神生活及其最高精神人性为核心。"三个倡导"较充分地体现了其基本任务——对社会个体物质生活及获取物质的劳动的观照,对于其根本任务——对人的精神生活及最高精神人性的观照方面,其重要任务——对人的社会关系及人际互动模式的观照,就成为社会主义核心价值观属人性质进一步深入的重点。同时,在社会主义核心价值观的最终目标上,在继续坚持"三个倡导"对价值终极目标及相关条件的关注的基础上,加强对人的自由而全面发展价值目标本身的进一步探索。在社会主义核心价值观的根本立场上,在继续坚持"三个倡导"对个体所处社会外在环境的观照的基础上,加强对个体生存需求和社会交往需求的观照。

其次,在继续坚持"三个倡导"所展现的国家视角和社会视角的基础上,要深化社会主义核心价值观的个体视角。"三个倡导"中,"富强"、"民主"、"自由"、"平等"、"公正"、"法治"、"文明"、"和谐"直接体现国家的发展目标;"爱国"、"敬业"是从国家和社会层面对个人提出的

第一章　核心价值观的内涵与时代内容

价值要求;"诚信"、"友善"是从社会个体出发,对他人提出价值要求。"三个倡导"比较充分地体现了社会主义核心价值观具有的全局性和整体性,而如何调动社会个体积极践行社会主义核心价值观成为下一步需要研究的内容。社会主义核心价值观的实现最终有赖于社会个体的践行,作为国家和社会层面上的社会主义核心价值观,要体现社会最小细胞——社会个体——的价值需求,应该通过对社会个体价值观念的引领,最终实现整个社会的价值整合。建设一个"民主"、"平等"、"公正"、"法治"、"文明"、"和谐"的国家是重要的,而让社会个体在一定的精神动力的支撑下自觉自愿地建设这样的国家更为重要。这样的精神动力无疑是从社会个体的角度出发的,社会主义核心价值观就应该是这种精神动力。

第二章

中国社会建设价值取向的历史发展

核心价值观对社会发展的指导和社会思想的引领，体现在核心价值观对社会建设直接或间接的互动和影响之中。从历史经验来看，一个繁荣有序、长治久安的社会或者历史阶段必定为一个占主导地位的思想观念或价值导向所引领，而一个战火纷飞、民不聊生的社会则往往伴随着思想的混乱和价值的沦落。任何时期的社会建设都体现着特定社会的核心价值观，社会核心价值观往往决定着当时社会建设的方向和内容。

不同历史时期的社会建设总与当时的核心价值观密切相关,一方面核心价值观决定着社会建设的方向和内容,另一方面社会建设反映核心价值观的性质与特征。核心价值观是社会建设的价值导向,对国家来说,是兴国之魂;对社会来说,是前进方向;对个人来说,是存在依据。它决定着国家的兴衰,指引着社会的方向,为人们提供着精神动力。作为国家与社会的灵魂,核心价值观为社会建设顺利实现国家、社会、个人的发展提供智力支持和精神保障。

同时,任何社会形态中的社会建设都是当时核心价值观的具体展现,都内在地反映出所在社会的核心价值观。社会建设的任务是社会秩序的稳定、社会关系的协调,从而实现社会成员安居乐业。而要建设什么社会秩序、按照什么规则协调社会关系、什么样的标准才是安居乐业,都反映着相应核心价值观的本质内容。下面就通过对中国古代社会、近代社会和现代社会的历史考察来探求核心价值观与社会建设之间的内在关系。

一、古代中国社会建设的价值取向

中国传统文化源远流长、博大精深,尽管随着时代的变迁,不断地发展与更新,但传统儒学尤其是先秦儒学的思想在中国历史传统文化中始终扮演着重要的角色。而"内圣外王"的思想又是儒家价值追求的高度概括,充分体现着中国传统社会建设的内在价值取向。熊十力指出:"《庄子·天下篇》以内圣外王称孔子,却是囊括大宇,孔子与儒学之广大在此。"[1]

1. 追求"仁义"的"内圣"之道

所谓"内圣",是指"内在于个人自己,则自觉地作圣贤工夫(作道德实践)以发展完成其德性人格之谓也"。儒家"内圣"的理想主要体现为对"仁义"的追求。

(1) 杀身成仁

"仁"是孔孟思想的核心,贯穿于孔孟思想的始终。在《论语》中共提到"仁"109次之多[2]。孔孟认为"仁"是君子最重要的品质。子曰:"志士仁人,无求生以害仁,有杀身以成仁。""不仁者不可以久处约,不可以长处乐。仁者安仁,知者利仁。"(《论语·里仁》)孟子也指出:"夫仁,天之尊爵也,人之安宅也。"(《孟子·公孙丑上》)

那么何为"仁"呢?"樊迟问仁。子曰:'爱人。'"(《论语·卫灵公》)"仁"就是一种人与人之间相互关爱的关系。这种相互关爱不仅体现在家庭之中,也体现在社会之中,甚至还包括与外族之间。"樊迟问仁。子曰:'居处恭,执事敬,与人忠。虽之夷狄,不可弃也。'"(《论语·子路》)即使是在与文明较为落后的民族交往,也要保持

---

[1] 熊十力:《原儒》,中国人民大学出版社,2006年版,第23页。
[2] 据杨伯峻先生统计。

"仁"。孟子在此基础上指出，"道二，仁与不仁而已矣"（《孟子·离娄上》），并将孔子"仁"的内涵高度概括为"仁者爱人"。

同时，孟子还进一步指出"仁"有三个不同层次："亲"、"仁"、"爱"。"君子之于物也，爱之而弗仁；于民也，仁之而弗亲。亲亲而仁民，仁民而爱物。"（《孟子·尽心上》）孟子认为，人们对于物、民众和亲人所采取的仁爱应该是不相同的。对物要"爱"，对"民众"要"仁"，对亲人是"亲"。

"君子之于物也，爱之而弗仁。"人们对万物有一份特殊的情感：一方面人们爱护万物，与之共生于自然界；另一方面人们为了种族的生存，又不得不以物为食。正如赵岐所说："物，谓凡物可以养人者也。当爱育之，而不如人仁，若牺牲不得不杀也。"因此，"仁"有类的差别。人类不可能以对待人的方式来对待物，也不能够以对待物的方式来对待人。《吕氏春秋·爱类》中也有云："仁于他物，不仁于人，不得为仁；不仁他物，独仁于人，犹若为仁。仁也者，仁乎其类者也。"[1]

"于民也，仁之而弗亲。"焦循在《孟子正义》中，解释道："亲即是仁，而仁不尽于亲。仁之在族类者为亲，其普施于民者，通谓之仁而已。仁之言人也，称仁以别于物；亲之言亲也，称亲以别于疏。""亲"是"仁"，但"仁"

---

[1] 意思是说：如果一种"仁"由于实现了对物"仁"，而导致对人的"不仁"的话，这样的"仁"并不是真正的"仁"；而如果对物是"不仁"，但对人是"仁"的话，这样的"仁"仍然是真正的"仁"。

不都是"亲"。在家族中的"仁"是"亲",推广到民众中后,通常就称之为"仁"而不是"亲"。"仁"针对于人,有别于针对于物,"亲"针对于亲人,也有别于一般的民众。正如同人们对待人与物有差别一样,人们对待亲族与非亲族的态度是不相同的。人们通常难以用对待亲族的态度去对待非亲族,也不会用对待非亲族的态度来对待亲族。这是由人天然的血缘关系决定的。赵岐也注曰:"临民以非己族类,故不得与亲同也。"因此,孟子说,对于普通的民众是"仁",而不是"亲"。

"亲亲而仁民,仁民而爱物。""亲亲"、"仁民"、"爱物"这是三种对待个体本身以外的人与物不同程度的仁爱,情感程度由近到远,逐级递减。同时前者又是后者得以实现的基础。当人们可以"亲"自己的亲人之后,才能够"仁"社会中的"子民",而后才能够"爱"天下的"物"。赵岐注曰:"先亲其亲戚,然后仁民,仁民然后爱物,用恩之次也。"孟子也说过:"仁者无不爱也,急亲贤之为务。"(《孟子·尽心上》)"仁者"以"亲亲"为"急",满足亲情是"仁民"、"爱物"的先决条件。因此,"亲亲"是"仁"的自然基础,"仁民"是"仁"的内在核心,"爱物"是"仁"的最终完成。孟子通过对于孔子"仁"的内在划分与推广,将"仁"的思想进行了继承与发扬。

(2) 舍生取义

"义"同样是先秦儒家追求的重要品质。子曰:"君子之于天下也,无适也,无莫也,义之与比。"(《论语·里仁》)孔子认为,天下诸事,君子如何行事?其衡量标准就是"义"。怎样做符合道义,就怎样行事。

孔子认为,"义"是君子的内在品质。"君子义以为质,礼以行之,孙以出之,信以成之。君子哉!"(《论语·卫灵公》)君子是以"义"为其待人处世的原则,以礼来规范自己的行为,以谦逊的态度来表达自己的主张和见解,并以诚信来取信于人。孔子在赞扬子产的时候,就提到了"义"是子产的一大美德。"子谓子产,'有君子之道四焉:其行己也恭,其事上也敬,其养民也惠,其使民也义'。"(《论语·公冶长》)

而且,"义"是君子诸多优秀品质中最重要的品质。《论语·阳货》中这样记载:"子路曰:'君子尚勇乎?'子曰:'君子义以为上,君子有勇而无义为乱,小人有勇而不义为盗。'"当子路向孔子求教君子是否崇尚勇敢的时候,孔子的回答却是,君子把"义"放在首位。孔子进一步指出,君子有勇气而不讲道义就会酿成祸乱,小人有勇气而不讲道义就会成为盗贼。孟子也讲过类似的观点:"大人者,言不必信,行不必果,惟义所在。"(《孟子·娄离下》)虽然言必信、行必果,是儒家提倡的行为方式,但是如果是与"义"相冲突时,可以为了"义"而舍弃其他的品质。

孟子在《孟子·告子上》中的一段话,更能体现先秦儒家对"义"的重视程度。孟子曰:"鱼,我所欲也,熊掌亦我所欲也;二者不可得兼,舍鱼而取熊掌者也。生亦我所欲也,义亦我所欲也;二者不可得兼,舍生而取义者也。"(《孟子·告子上》)孟子指出,人们有很多的需要,包括生命与"义",但是如果二者只能拥有一样,孟子的选择是"舍生取义"。在孟子看来,人们一般以为最大的欲望就是生命的留存,最想避免的危害就是死亡,但是"舍生取义"

的选择表明,"义"高于生命,而且这种"舍生取义"之心,并不仅仅是圣贤人有之,所有的人都拥有。正如同嗟来之食连行乞的人都不以为然。有时候,人们做出一些不符合"义"的行为,是因为他们失去了"心"的本性,是违反其本性的行为选择。因此,在儒家看来,"义"是君子的内心之本性,其优先性甚至已经超过人们的生命。

(3) 内仁外义

作为儒家"内圣"的具体内容,"仁"与"义"都非常重要。但二者又不是孤立存在的,"仁"与"义"有着密切的关系,并且内在统一。

子曰:"仁者,义之本也。"孟子曰:"仁,内也,非外也;义,外也,非内也。"也就是说,"仁"是"义"的本质与核心,"义"是"仁"的实践方式与手段途径。

孟子对于"仁"与"义"曾有过这样两次感慨:"仁,人之安宅也;义,人之正路也。旷安宅而弗居,舍正路而不

由，哀哉！"如果"仁"是人的"安宅"，"义"就是人的"正路"，不住"安宅"，不走"正路"，让人感到悲哀。"仁，人心也；义，人路也。舍其路而弗由，放其心而不知求，哀哉！"如果"仁"是"人心"，"义"就是"人路"，对"仁"与"义"的舍弃，就如同对人之心、人之路的舍弃，是多么可悲啊！

在《孟子·尽心下》中孟子还将"仁"喻为"不忍"，"义"喻为"不为"。曰："人皆有所不忍，达之于其所忍，仁也；人皆有所不为，达之于其所为，义也。"

可见，"仁"与"义"的关系就是"宅"与"路"、"不忍"与"不为"的关系。"仁"为内，"义"为外，"仁"体现内在本质，"义"表明通往"仁"的具体的行为途径。二者相辅相成，共同构成"内圣"之道。

2."修己以安人"的"外王"之道

所谓"外王"，是指"外而达于天下，则行王者之道也"。"外王"与"内圣"紧密联系又各有侧重。可以说"外王"是"内圣"之延续与扩展。二者共同成为儒学价值目标的精髓。

(1) 人皆有"四心"

儒家"外王"之道之所以可能，其根基在于孔孟的心性之说。孔子认为，"人皆可以为尧舜"，人人都可以成为圣人，造福社会与国家。孟子用人性本善的理论来证明人人都具有"外王"的自然潜质。

孟子指出，人性本善，因为"人皆有不忍之心"。具体而言，人的"不忍之心"是以下"四心"：恻隐之心、羞恶之心、辞让之心、是非之心。"恻隐之心，人皆有之；羞恶之心，人皆有之；恭敬之心，人皆有之；是非之心，人皆有之。"（《孟子·告子上》）而且这"四心"都是人人固有本性，并非外加。"（四心）非由外铄我也，我固有之也，弗思耳矣。故曰：'求则得之，舍则去之。'"（《孟子·告子上》）

此"四心"又生"四性"：仁、义、礼、智。"恻隐之心，仁之端也；羞恶之心，义之端也；辞让之心，礼之端也；是非之心，智之端也。人之有是四端也，犹其有四体也。有是四端而自谓不能者，自贼者也；谓其君不能者，贼其君者也。凡有四端于我者，知皆扩而充之矣，若火之始然（燃），泉之始达。苟能充之，足以保四海；苟不充之，不足以事父母。"（《孟子·公孙丑上》）"四性"对于人的重要性，犹如人的四肢，是人安身立命的最基本的本性与行为要求。正是这"四心"、"四性"的具备，内可以孝父母，外可以安天下。

（2）君正莫不正

"外王"的一个重要思想就是"仁政"。"言道言政，皆植本于仁。"① 孟子曰："君仁，莫不仁；君义，莫不义；君正，莫不正。一正君而国定矣。"（《孟子·离娄上》）要实现整个社会"仁者爱人"的社会价值取向，作为一国之君必须以"仁政"执掌天下。"天子不仁，不保四海；诸侯不仁，不保社稷；卿大夫不仁，不保宗庙；士庶人不仁，不保四体。"（《孟子·离娄上》）

---

① 梁启超：《先秦政治思想史》，东方出版社，1996年版，第81页。

孟子在自己的论著中详细论证了"仁政"的重要性。首先孟子指出先贤之所以成功正在于"仁心仁闻"之施。"人皆有不忍人之心，先王有不忍人之心，斯有不忍人之政矣；以不忍人之心，行不忍人之政，治天下可运之掌上。"（《孟子·公孙丑上》）因此，现世人们就应该效仿先贤从"仁心仁闻"，实施"仁政"。而若居高位者不施"仁政"，只能是播撒恶于社会，危及国家。接着孟子明确指出，"仁政"是民心之所向，是王者得天下之本。王者失去天下的根本原因在于失去民心。而民心所渴望的正是"仁政"，"犹水之就下、兽之走圹也"（《孟子·离娄上》）。若王者不以实施"仁政"为目标，将终身不能免于忧虑与屈辱。

在梁惠王忧愁于强敌间如何立国时，孟子同样给出实施"仁政"的强国之路。"地方百里而可以王。王如施仁政於民，省刑罚，薄税敛，深耕易耨，壮者以暇日修其孝悌忠信，入以事其父兄，出以事其长上，可使制梃以挞秦、楚之坚甲利兵矣。彼夺其民时，使不得耕耨以养其父母。父母冻饿，兄弟妻子离散。彼陷溺其民，王往而征之，夫谁与王敌？故曰：'仁者无敌。'"（《孟子·梁惠王上》）

（3）修己以安人

"外王"何以实现？除了君王执行"仁政"外，孔孟更强调"修己以安人"。孔孟的"外王"并不仅仅是为王的含义，而且是一种追求崇高价值的个体的一种自身责任感、使命感的体现。

《礼记·大学》有云："物有本末，事有始终，知所先后，则近道矣。"其"本"就在于"修身"。"自天子以至于庶人，壹是皆以修身为本，其本乱而末治者否矣，其所厚者薄而其所薄者厚，未之有也！"（《礼记·大学》）因此，不论是君主还是子民，最根本的还在于每个人的"修身"之道。

孔子提出两种"修身"的方式。第一，严于律己，宽以待人。子曰："躬自厚而薄责于人，则远怨矣。"（《论语·卫灵公》）一方面对自己要严格。"颜渊问仁。子曰：'克己复礼为仁。一日克己复礼，天下归仁焉！为仁由己，而由人乎哉？'"（《论语·颜渊》）孔子推崇周礼，因此提倡要克己，以符合周礼。面对别人的误会，要"以直报怨，以德报德"。另一方面对他人要宽容。要"成人之美，不成人之恶"。别人有不当之处，应该"忠告而善道之，毋自辱焉"。对于别人的过失，"与其进也，不与其退也。唯何甚！人洁己以进，与其洁也，不保（褒）其往也"。要"赦小过"。第二，在与他人的比较中，对自己进行反省。孔子指出，"见贤而思齐焉，见不贤而内自省也"（《论语·里仁》）。在"克己"的同时，从仁、义、礼、智、信五个方面与他人作比对，对自己的行为进行反思，发现自身的不足，找到自己的努力方向。孔子认为，如果人们能够常常对自己进行反思，必然可以成为仁义之人。

孟子的修身之道，则可以概括为以下三点：

第一，"穷则独善其身，达则兼善天下"。在《孟子》中有这样一段话："孟子谓宋句践曰：'子好游乎？吾语子游。人知之亦嚣嚣；人不知亦嚣嚣。'曰：'何如斯可以嚣嚣矣？'曰：'尊德乐义，则可以嚣嚣矣。故士穷不失义，达不离道。穷不失义，故士得己焉；达不离道，故民不失望焉。古之人，得志，泽加于民；不得志，修身见于世。穷则独善其身,达则兼善天下。'"(《孟子·尽心上》)孟子告诉句践,在传道授业的过程中,不论人们是否明白他所讲的道,孟子都能够泰然处之。句践问其因,孟子讲到因为心中"尊德乐义"。不论他人能否接受道,能否按照道义行事,自己要确保不论贫富都不丢失道义,得志之时,惠施于民,失志之时,自己仍然要做好表率。

第二,"先立乎其大者,则其小者不能夺也"。《孟子·告子上》中这样记载:"公都子问曰:'钧是人也,或为大人,或为小人,何也?'孟子曰:'从其大体为大人,从其小体为小人。'曰:'钧是人也,或从其大体,或从其小体,何也?'曰:'耳目之官不思,而蔽于物。物交物,则引之而已矣。心之官则思,思则得之,不思则不得也。此天之所与我者。先立乎其大者,则其小者不能夺也。此为大人而已矣。'"(《孟子·告子上》)

对于人为什么会有"大人"、"小人"区分的疑虑,孟子指出,人身体的器官有大有小,像眼睛、耳朵这样的器官,不能思考,会被外物所遮蔽,这样的器官是"小";而人的心,则是可以思考的器官,这是上天赐予我们的特别的能力,像心这样的器官就是"大"。"大人"就是跟从人的心这样"大"的器官,而不是"小"的器官的人。当人们遵从"大者"时,"小者"就不能够阻碍人们的正确决断,因而人也不会被外物所遮蔽。也就是说,孟子指出,要成为"大人",就要"先立乎其大者"。

第三,"养吾浩然之气"。什么是"浩然之气"(《孟子·公孙丑上》)呢?孟子曰:"其为气也,至大至刚,以直养而无害,则塞于天地之间。其为气也,配义与道。无是，馁也。是集义所生者，非义袭而取之也。行有不慊于心，则馁矣。"(《孟子·公孙丑上》)孟子的"浩然之气"是"集义所生"，并"配义与道"。通过对"浩然之气"的修养，人而为圣。

总之，"修己"只是开始，"修己"而后可以"敬"，从而可以"安人"，最后可以"安百姓"，最终实现中国传统儒学的"内圣外王"之道。

二、近代中国社会建设的价值取向

社会建设有广义与狭义之分。广义的社会建设，包含了经济建设、政治建设、文化建设、社会建设以及生态文明建设的所有内容。狭义的社会建设，则是与经济建设、政治建设、文化建设、生态文明建设相并列的社会建设。本章所讨论的社会建设是广义的社会建设，包含了整个社会建设的方方面面。

一般认为，近代中国从1840年开始到1949年截止。中国近代就是一代又一代的仁人志士为救亡图存而英勇奋斗、艰苦探索的历史。具体可以分为两个阶段：第一阶段是1840年到1919年，社会建设的准备时期；第二个阶段是1919年到1949年，社会建设的局部实践时期。社会建设在救亡图存、实现民族独立的总的价值目标下,内在地体现了两次具体的社会核心价值观的转变。

1. 社会建设的准备阶段与第一次核心价值观转变

1840年鸦片战争的爆发,使得中国的命运发生了重大的转折。政治上,中国从过去的独立东方封建国家转变为西方坚船利炮下的半殖民地半封建国家。中国的领土与主权遭到各国列强的侵占。经济上,西方经济在工业革命的推动下迅速发展,中国成为众列强在亚洲重要的殖民掠夺地。中国迅速从一个强大的东方大国变为一个分裂落后的半殖民地半封建国家。

"1820年中国GDP总量占世界GDP总量的33%,居世界首位;到1900年则下降到11%;到1950年则进一步下降到5%。从人均GDP来看,1820年中国人均GDP相当于世界平均水平的90%,1900年则下降至43%,到1950年则进一步下降至21%,差距不断扩大。"[1] 同时,"1952年间,中国GDP和人均GDP的年均增长率分别为0.22%和-0.08%,而同期欧洲的GDP和人均GDP则分别为1.71%和1.03%"[2]。从1840年到1919年,中国遭受外族入侵,中国的政治经济处于崩溃的边缘,中华民族处于危亡的时刻。

在这样的历史背景下,中国经历了近代以来的第一次核心价值观的转变:从过去封建社会以"内圣外王"为目标

---

[1] [英]安格斯·麦迪森:《世界经济千年史》,伍晓鹰等译,北京大学出版社,2003年版,中文版前言。

[2] 蔡昉、林毅夫:《中国经济》,中国财政经济出版社,2003年版,第5页。

的儒家核心价值观向以"救亡图存"为核心的旧民主主义价值观转变。

面对来势凶猛的西方列强，中国逐渐打破普天之下莫非王土的大国王权意识。清政府和当时的仁人志士围绕如何应对强大的外族入侵、挽救民族危亡的重大问题，进行了一系列的探索与反思。反映在思想价值观方面主要集中于内外两个问题的认识上。首先，在国家制度与社会价值方面，什么样的社会制度与价值目标可以救中国？中国的仁人志士从最初坚决维护封建集权，追求"内圣外王"之道；转而拥护封建阶级与资产阶级妥协的君主立宪制，追求法治与人权；最后再到对体现资产阶级意志的民主共和的推崇，追求"三民主义"。其次，在对待中西文化态度方面，面对西方文化与中国传统文化到底应该如何抉择？中国的仁人志士从起初以魏源为代表的"师夷长技以制夷"的思想，通过学习西方的先进军事技术来使中国强大，从而抵御外国入侵；转到洋务派的"中学为体，西学为用"的判断，强调以孔孟之道为核心的儒家学说是中国之根本，近代西方的先进技术是为中国传统价值服务的；最后再到近代中国知识分子的"全盘西化"，主张学习西方思想行为方式，用西方文化来改造中国，以"打倒孔家店"的口号，彻底放弃中国传统文化。虽然中国的仁人志士在民族独立的道路上付出了艰辛的努力，但是历史实践表明，这段时期的探索最终没能挽救中国的危亡。不过，毫无疑问的是，这段被称为旧民主主义革命时期的探索对中华民族最终走上独立的道路提供了重要的经验，奠定了坚实的基础。

由于旧民主主义革命时期，中国处于四分五裂的历史阶段，国家主权被各国列强共同把控，所以严格意义上说，旧民主主义革命时期还没有现代意义上的社会建设。不过，这段时间开展的救亡图存运动，一定程度上，为日后统一的国家进行社会建设奠定了基础，做了准备工作。这些运动包括由农民阶级领导的太平天国运动，由封建阶级领导的鸦片战争、洋务运动，还有民族资产阶级领导的戊戌变法以及著名的革命家孙中山领导的辛亥革命等。

2. 社会建设的局部实践与第二次核心价值观转变

1919年五四运动的爆发，标志着中国在民族独立斗争的道路上，翻开新的一页。虽然半殖民地半封建的中国社会还没有实现国家独立，中国仍然处于受侵略、受压迫的四分五裂的状况。但是，中国工人阶级登上历史舞台，同时，国际社会中，俄国社会主义十月革命的胜利为全世界殖民地、半殖民地国家提供了宝贵的精神财富和巨大的精神鼓舞，结合各阶级仁人志士开展的旧民主主义革命积累的宝贵经验和教训，1921年诞生的中国共产党领导全国各族人民拉开了新民主主义革命的历史帷幕。面对帝国主义、封建主义、官僚资本主义"三座大山"，中国共产党团结一切可以团结的力量，为挽救中华民族危难继续奋勇前进。

在这样的历史背景下，中国社会的核心价值观也发生了第二次转变，即从以"救亡图存"为核心的旧民主主义价值观向以"建立新中国"为价值目标的新民主主义价值观转变。主要表现在：政治上，从过去各个阶级自发领导、各自展开甚至相互压制的局部反抗斗争与运动，转变为以中国共产党领导下的各革命阶级联合一致，共同抗敌的和平共处

的政治体制机制；经济上，从过去由封建经济为主受各国列强瓜分的殖民地经济状况，转变为无产阶级领导下，"公私兼顾、劳资两利"的资本主义、社会主义共同发展的经济导向。

在《新民主主义论》中，毛泽东针对中国的具体实际指出，中国的革命要经过两个步骤才能实现：第一步是推翻帝国主义和封建主义的革命，主要是为了改变中国半殖民地半封建的受压迫状况，使中国成为一个独立的民主主义国家；第二步是推翻官僚资本主义，最终建立由无产阶级领导的无产阶级专政的国家。第一步的革命是资产阶级性质的，第二步才是无产阶级性质的。这两个步骤前后相连，是中国革命的必然过程。前一个阶段是后一个阶段的必要准备，后一个阶段是前一个阶段的必然结果。毛泽东在这里所说的前一个阶段就是新民主主义革命阶段，而后一个阶段就是社会主义革命阶段。

因此，在新民主主义革命阶段，政治上推翻"三座大山"对中国人民的压迫,建立崭新的中华人民共和国,是中国共产党在这一阶段完成的第一个重要任务。同时,根据毛泽东的《新民主主义论》,在这一时期要建立的是无产阶级领导的各革命阶级联合专政的民主共和国,而不是无产阶级专政的政府。面对强大的敌人,共产党领导下的无产阶级要团结一切可以团结的力量,建立广泛的统一战线,完成民族独立的历史任务。广大农民阶级是革命的主力军,小资产阶级是革命的动力之一,民族资产阶级是一定时期一定程度的动力之一。然后,在推翻帝国主义和封建主义之后,建立所有的革命阶级联合执政的政府。

经济上,实现中国各阶级的大联合,瓦解封建小农经济,发展资本主义经济,是中国共产党完成的第二个重要任务。新民主主义革命虽然要推翻帝国主义和官僚资本主义对中国大众的压迫,但同时,允许而不是禁止资本主义经济在中国发展。毛泽东在《论联合政府》中明确指出,"拿资本主义的某种发展去代替外国帝国主义和本国封建主义的压迫,不但是一个进步,而且是一个不可避免的过程。它不但有利于资产阶级,同时也有利于无产阶级","在中国的条件下,在新民主主义的国家制度下,除了国家自己的经济、劳动人民的个体经济和合作社经济之外,一定要让私人资本主义经济在不能操纵国民生计的范围内获得发展的便利,才能有益于社会的向前发展"[1]。1947年,在中国共产党提出的新民主主义的经济纲领中,明确指出要保护民族工商业。"由于中国经济的落后性,广大的上层小资产阶级和中等资

---

[1]《毛泽东选集》第三卷,人民出版社,1991年版,第1060页。

产阶级所代表的资本主义经济,即使革命在全国胜利以后,在一个长时期内,还是必须允许它们存在;并且按照国民经济的分工,还需要它们中一切有益于国民经济的部分有一个发展;它们在整个国民经济中,还是不可缺少的一部分。"① 并于1949年,将"以公私兼顾、劳资两利、城乡互助、内外交流的政策,达到发展生产、繁荣经济的目的"的新民主主义经济建设的根本方针写入《中国人民政治协商会议共同纲领》中。

新民主主义革命时期,社会建设的内容体现在中国共产党领导的土地革命战争、抗日战争以及解放战争的过程中,主要体现为共产党领导的革命根据地进行的一系列局部探索。第一,在土地革命时期开展土地革命,将封建地主阶级的土地没收,然后分给农民阶级所有。在红军建立井冈山革命根据地之前,该地区"土地的百分之六十以上在地主手里,百分之四十以下在农民手里。江西方面,遂川的土地最集中,约百分之八十是地主的。永新次之,约百分之七十是地主的。万安、宁冈、莲花自耕农较多,但地主的土地仍占比较多,约百分之六十,农民只占百分之四十。湖南方面,茶陵、酃县两县均有约百分之七十的土地在地主手中"②。红军开展土地革命之后,封建地主阶级的土地被重新分配,广大农民实现了"耕者有其田"的夙愿,缩小了封建体制下造成的巨大贫富差距。第二,在解放战争时期开展教育事业。针对陕甘宁边区教育事业十分落后的情况,中国共产党

---

① 《毛泽东选集》第四卷,人民出版社,1991年版,第1254页。
② 《毛泽东选集》第一卷,人民出版社,1991年版,第68页。

从边区干部开始进行文化教育，再到中小学教育，最后扩展到广泛的社会教育，用不同形式的教育活动，提高广大人民的文化知识水平。第三，在解放战争时期，面对战争带来的创伤，一方面着重开展战后社会救济工作，安置灾民难民；另一方面，开始社会组织的重新建设，积极妥善地处理变化了的各种社会关系，巩固新生政权的政治地位，维护社会的团结稳定。

三、现代中国社会建设的价值取向

一般认为，从1949年开始，中国进入现代社会。中国现代社会摆脱了民族危亡，实现了国家独立，在此基础上，开始了热火朝天的社会主义新中国的建设时期。在这一过程中，以1978年为分界点，社会建设同样经历了两个阶段：1978年之前是社会建设初步探索阶段；1978年之后是社会建设的全面建设阶段。现代中国的社会建设在实现国家富强的价值目标指引下展开，一样内在包含了社会核心价值观的两次转变。

1. 社会建设的初步探索阶段与现代社会的第一次核心价值观转变

从1949年到1952年,中国共产党领导中国人民首先集中力量恢复国民经济,继续完成民主革命遗留的任务。同时,实际上开始了向社会主义的过渡,进入现代史上的新民主主义社会,也叫过渡时期。

新中国成立初期,国家一穷二白,百废待兴。经济方面,财政收入低下,仍然是一个积贫积弱的农业国。1952年,我国第一产业就业人员占总经济活动人口的比例高达83.5%,人均生产资料非常缺乏,据1954年国家统计局的调查,全国农户土地改革时平均每户拥有耕畜0.6头,犁0.5部,到1954年末也才分别增加到0.9头和0.6部。同时,工业产值仅占国内生产总值的17.6%。[1] 1952年,我国的城乡人均储蓄只有1.5元,国家的外汇储备1.39亿美元,财政总收入183.7亿元,用于经济建设的资金尚不足100亿元。[2]

政治方面,由于新民主主义革命时期延续下来的民族危机感的影响,对外中国仍然高度警惕国际社会有可能带来的危机,对内在摆脱受压迫地位后中国表现出一种想要强大起来的迫切愿望。再加上,意识形态差异导致的西方国家在政治经济上对中国的孤立和封锁,如何巩固新生政权,使新中

---

[1] 参见国家统计局网站公布年度统计数据,http://www.stats.gov.cn。
[2] 武力主编:《中华人民共和国经济简史》,中国社会科学出版社,2008年版,第67页。

国真正建立起来并能在世界之林中占有一席之地,成为这一阶段要解决的主要问题。

(1) 向传统社会主义价值观的转变

在这样的历史背景下,中国社会的核心价值观再次发生转变:从以"建立新中国"为价值目标的新民主主义价值观向以"建设新中国"为目标的传统社会主义价值观转变。具体表现为:在政治上,从一个无产阶级领导的、以工农联盟为基础的、各革命阶级联合专政的新民主主义共和国,转向由工人阶级领导、以工农联盟为基础的人民民主专政的社会主义国家;在经济上,从"公私兼顾、劳资两利"的资本主义、社会主义共同发展,转向以单一公有制和计划经济为基本特征的经济格局。

传统社会主义价值观也就是苏联式的社会主义价值观,从1949年一直延续到1978年,其间也经历了两个发展阶段:第一个阶段是从1949年到1956年,主要是社会主义价

值观的巩固和强化阶段；第二个阶段是从 1956 年到 1978 年，主要是传统社会主义价值观在实践中遇到挫折，曲折发展时期。

1949 年到 1956 年，中国刚刚走上社会主义道路，处于新中国成立初期，面对现代化的两条道路：以资本主义价值观为核心的现代化道路和以苏联社会主义价值观为核心的现代化道路。在国际东西方意识形态之争的大背景下，由于中国与苏联有相同的社会革命经历与社会目标，中国选择了后者。这对当时的中国来说具有重大意义，苏联社会主义价值观在社会主义建设中对中国的发展也作出了积极的贡献。第一，在苏联社会主义价值观的指导下，中国在整个国民经济实力非常弱小的条件下，集中主要力量开展了 156 个重大项目，建立起相对完整的现代工业体系。第二，"两弹一星"的成功研制与发射，使中国在国防工业上实现跨越式发展。这不仅大大振奋了国人的精神，同时，也让世界对中国刮目相看。第三，在农田改造、水利建设方面，新生政权组织开展了较好的基础设施改造，为未来工农业发展奠定了良好的基础。在这一时期，社会主义制度所具有的集中力量办大事的优越性得到充分体现，在巨大的成就面前，社会主义的现代化道路得到巩固和加强，共产党领导的无产阶级政权得到巩固，新中国在世界的孤立与封锁中逐步成长起来。

然而，进入 1956 年后，随着经济的发展和国际环境的改善，传统社会主义价值观引导下的政治经济制度逐渐呈现出成本上升和效益递减的特征。中国内部相对更为先进的生产关系模式与当时普遍落后的社会生产力水平之间的不平衡、不适应的问题日渐突出，阻碍着中国的进一步发展。新生政权希望通过革命时期的群众运动和政治激励机制来解决问题的思路，最终导致了经济社会的"大跃进"和"文化大革命"运动，刚刚发展起来的中国又进入了近二十年的曲折发展阶段。虽然如此，中国共产党领导的新生政权并没有停止对中国社会主义建设规律的探索，尤其就传统社会主义价值观指引下的社会主义经济成分的多样性与单一公有制的关系，单一公有制的利与弊，计划与市场的关系，集权与分权的关系，农业、轻工业和重工业的关系以及产业结构调整等问题展开思考，为下一个阶段的社会建设与发展提供了宝贵的经验和教训。

(2) 社会建设的初步探索

在传统社会主义价值观的指引下，为巩固新生政权，使新中国真正建立起来，过渡时期和社会主义新中国初期的社会建设进入探索时期。

在城市开展"工业学大庆"的社会活动，用大庆"先生产后生活"无私奉献的口号，"宁肯少活20年，拼命也要拿下大油田"的坚定决心和"有条件要上，没有条件创造条件也要上"的积极主动的工作态度，激励人们积极开展城市建设。在农村开展"农业学大寨"的社会活动，将大寨村所传递出的不靠国家投资、自力更生发展生产的事迹，以集体和国家为重、不计较个人利益的精神，干部以身作则、积极参加生产劳动的干群关系，以及利用丰富的人力资源开展农田基本建设的长远规划模式来鼓舞社会主义农村建设。并且，号召全国各族人民学习人民解放军，并开展向黄继光、雷锋、焦裕禄等英模人物学习的群众运动。通过树立正面的价值模范，加强社会主义核心价值观的宣传与教育。

同时，还对非社会主义核心价值观的思想与行为进行改造建设。针对新民主主义过渡时期存在的资本主义经济、私营经济、个体经济等非公有制经济，提出以"一化三改造"为主要内容的过渡时期的总路线，分别开展改造运动。农业方面，积极引导农民组织起来走互助合作道路，遵循自愿互利、典型示范和国家帮助的原则，采取循序渐进的步骤，开展土地改革，通过建立互助组、初级社、高级社来实现将私有化的土地改造为国家所有和集体所有两种形式。手工业方面，通过办手工业供销小组，然后到手工业供销合作社，最后到手工业合作社，实现手工业的社会主义经济性质的转变。资本主义工商业方面，新中国成功采取和平赎买的方式，有偿地将私营企业改变为国营企业，以和平的方式将资本主义私有制改变为社会主义公有制。而后实行国家资本主义形式，即在国家直接控制和支配下进行资本主义经济活动，逐步地从初级形式的国家资本主义，到个别企业的公私合营，最后实现全行业的公私合营。过渡时期的三大改造运动，总体上坚持了社会主义工业化建设与社会主义改造同时并举的策略，采取积极引导、逐步过渡的方式，逐步实现整个国家以公有制经济为主的社会制度体系的过渡。此外，还进行了"三反"、"五反"、社会主义教育等运动，也都是对私有制及其思想进行改造的社会建设运动。

2. 社会全面建设与现代社会的第二次核心价值观转变

20世纪70年代中国处于重大的历史转折点。一方面，国内由于"文化大革命"十年内乱，中国政治混乱，经济发展缓慢甚至停滞，国家和人民遭受巨大损失的同时再次面临崩溃的危机；另一方面，由于新科技革命的蓬勃兴起，世界经济再次进入快速发展的黄金时期，中国与世界的差距急速加大，中国再次遭遇强大的国际竞争压力。

1978年，党的十一届三中全会上，以邓小平为核心的第二代领导人正确判断国内外局势，认为"和平与发展是当今世界的主题"，提出将党和国家的工作重心从阶级斗争转移到经济建设上来，并作出改革开放的重大历史性决策，从而推动中国进入新的历史时期。随着改革开放的不断深入，改革开放带来的社会转型也给中国带来了巨大震动，中国面临前所未有的挑战。政治上，国家高度集中的计划经济体制受到灵活多变的世界市场体制的强烈冲击；经济上，价值追求中单一公有制经济的目标与社会上多种所有制相矛盾；道德文化上，各类社会思潮与相对封闭的价值体系不断碰撞。

在这种复杂的国内外形势下，究竟如何让中国重新回到稳定发展的轨道上，摆脱国际竞争中落后的局面，建立富裕强盛的国家，成为当时亟待解决的重大社会问题。

（1）向中国特色社会主义核心价值观的转变

在上述社会历史背景下，中国经历了现代历史阶段核心价值观的第二次转变：从传统社会主义价值观向中国特色社会主义价值观的转变，从以"建设新中国"为核心的价值目标转为以"国家富强"为核心的价值目标，时间跨度从1978年的十一届三中全会一直到2002年的十六大。

政治上，从高度集中的计划经济体制逐步向市场经济体制转变。1981年，党的十一届六中全会《关于建国以来党的若干历史问题的决议》中提出"计划经济为主、市场调节为辅"的方针，突破过去计划经济大一统的局面，开始允许市场存在于社会主义国家之中，并发挥作用。1984年10月，党的十二届三中全会通过的《中共中央关于经济体制改革的决定》中首次提出"在公有制基础上有计划的商品经济"概念，突破过去将计划与市场相互对立的观念，从此计划与市场不再是相互对立的关系。紧接着党的十三大提出社会主义有计划商品经济体制，要求"国家调节市场，市场引导企业"，并将"计划经济与市场调节相结合"，从而实现了计划与市场从相互对立，到共同并存，再到最后相互结合的观念转变。社会主义市场经济的概念呼之欲出。1992年6月，在总结实践探索和理论经验的基础上，江泽民在中央党校省部级干部进修班上的讲话中首次提出"社会主义市场经济体制"的概念，并在党的十四大上将建立社会主义市场经济体制作为中国经济体制改革的目标，最终完成了中国从传统社会主义高度集中的计划经济体制向社会主义市场经济体制的历史转变。

经济上，从单一公有制经济作为国家经济基础，逐步转为以公有制经济为主体，多种所有制经济共同发展的基本经济制度。明确公有制经济的主体地位主要从公有资产在社会总资产中占据优势和国有经济控制国民经济命脉两方面体现，强调公有资产的优势要有量的优势，更要注重质的提高。同时，充分肯定非公有制经济的重要作用，强调非公有制经济是我国社会主义市场经济的重要组成部分。在社会主义初级阶段，非公有制经济的存在可以为市场提供多种经济主体，能够更好地促进竞争，能够更充分地利用外资。总体上，放宽对非公有制经济进入市场的准入条件，在法律监督和管理中鼓励和支持非公有制经济的发展。

文化外交上，从单一封闭逐步转向多元开放的局面。充分利用国内和国际两种资源、两个市场，积极吸收人类文明成果，并且强调在"引进来"的同时，还要努力实现"走出去"的目标，坚持"引进来"和"走出去"相结合的战略。

从传统社会主义价值观向中国特色社会主义价值观的转变内在地包含了两个阶段：第一个阶段是从1978年到1992年，主要体现在中国特色社会主义核心价值观对中国发展的重要推动作用上，实现了改革开放初期中国的巨大进步；第二个阶段从1992年到2002年，主要体现在中国特色社会主义核心价值观对多元价值观冲击与挑战的回应中，这给社会建设提供了努力的方向。

(2) 社会建设的全面展开

这个时期的社会建设从探索阶段转入全面建设阶段，围绕中国期望快速崛起的富国目标，主要针对中国特色社会主义核心价值观转变中，第二个时期出现的各种社会思潮和道德理念对核心价值观的挑战，不断加强对中国特色社会主义核心价值观的宣传教育工作。

在第一个阶段中，1979年3月，邓小平在全国理论工作务虚会上提出了"四项基本原则"，将"一个中心，两个基本点"概括为党的基本路线的核心内容。强调在改革开放的同时，坚持社会主义核心价值观的重要性与必要性。同年，中共中央提出"社会主义精神文明建设"，提出物质文明和精神文明"两手都要抓，两手都要硬"。紧接着1981年全国又开展了"五讲四美三热爱"运动，进一步加强了中国特色社会主义核心价值观的社会实践活动。

在第二个阶段中，2001年1月江泽民在全国宣传部长会议上提出，文化和社会价值观的建设体现着国家"以德治国"的理念。1996年10月的十四届六中全会又专门通过了《中国中央关于加强社会主义精神文明建设若干重要问题的决议》，指出党中央在坚持党的基本理论和基本路线的基础上，在精神文明建设方面虽然取得积极进展和明显效果。但一些地区一些领域，"一手比较硬，一手比较软"的问题还没有解决，必须进一步增强全党同志对加强社会主义精神文明建设重要性和紧迫性的认识，在牢牢把握经济建设这个中心，把物质文明建设搞得更好的同时，切实把精神文明建设提到更加突出的地位，进一步开创新形势下精神文明建设的新局面。到2002年2月，以江泽民为核心的第三代领导人提出"三个代表"思想，"先进文化"被提到了衡量和建设党的理论高度。

2002年十六大召开之后，中国再次进入新的历史时期，中国的社会建设随着中国特色社会主义核心价值观的内在转变，同样进入了新的历史高度。

第三章

社会主义核心价值观与现阶段的社会建设

当前，我国正处于经济社会转型时期，这既是一个重要的"战略机遇期"，又是一个"矛盾凸现期"。伴随着经济体制、社会结构和利益格局等多方面内容的深刻变革和重大调整，各类社会矛盾和社会问题不断凸现。对此，社会主义核心价值观的任务和使命就是要将以GDP作为唯一考量的传统价值导向转向关注人的需要、实现人民利益、促进人的全面发展的社会主义核心价值观，从以经济建设为主导转向经济建设、政治建设、文化建设、社会建设、生态文明建设"五位一体"的社会主义总布局中。

十一届三中全会以来的三十多年是我国经济建设狂飙突进的三十多年,在经济飞速发展的过程中,各类社会矛盾和社会问题也随之产生和积聚。在可预见的相当长的一段时期内,这些矛盾和问题不但不能消除,反而有可能在局部地区激化,社会建设的任务任重而道远。当然,社会建设并不是在没有矛盾或者忽视矛盾的情况下进行的,恰恰相反,我们当前社会建设的使命是对现有的各类矛盾和问题进行深入的认识和分析,在社会主义核心价值观的指导下,对社会建设进行系统的思考和筹划。

一、现阶段社会建设面临的主要问题

改革开放以来,我国经济发展取得举世瞩目的成就,综合国力不断增强的同时,各类社会矛盾和社会冲突也大量增加。数据显示,1978年全国刑事犯罪55.7万件,2008年为488.5万件,增长8.77倍;1978年社会治安事件123.5万件,2008年为741.2万件,增长6倍。群体性事件从1994年开始统计,有1万多起,2008年9万多起。[①] 各种社会问

---

① 陆学艺:《当前中国社会生活的主要矛盾与和谐社会建设》,《探索》,2010年第5期,第47页。

题、社会矛盾、社会冲突此起彼伏,给我国社会建设带来了不少挑战,具体表现为社会分配不公凸显,城乡差距依然显著,群体性事件多发等方面。如果应对及时,举措得当,那么就会促进经济快速发展和社会平稳发展;反之,很可能就会导致经济徘徊不前和社会长期动荡。

1. 社会分配不公

当前,我国社会财富分配不平衡现象越来越突出,大量的社会财富越来越集中到少数人手中,相对贫困的人数在不断增加。目前,中国社会的贫富差距已经突破合理的限度,根据联合国开发计划署的相关统计数字,中国目前占总人口20%的最贫困人口的收入或消费份额只有4.7%,而占总人口20%的最富裕人口的收入或消费份额高达50%。

(1) 基尼系数高于国际"警戒线"

根据国家统计局最新数据,2013年全国居民收入基尼系数[①]为0.473。根据联合国有关组织规定,基尼系数若低于0.2,说明这个国家和地区的居民收入比较平均;基尼系数处于0.2~0.3之间,说明居民收入相对平均;基尼系数处于0.3~0.4之间,说明居民收入差距还不是很大;如果基尼系数处于0.4~0.5之间,说明这个国家或地区居民收

---

① "基尼系数"是意大利经济学家基尼(Corrado Gini,1884 – 1965)于1912年根据洛伦茨曲线提出的判断分配平等程度的指标,是指在全部居民收入中,用于进行不平均分配的那部分收入占总收入的百分比。基尼系数最大为"1",最小等于"0"。前者表示居民之间的收入分配绝对不平均,即100%的收入被一个单位的人全部占有了;而后者则表示居民之间的收入分配绝对平均,即人与人之间收入完全平等,没有任何差异。

入的差距开始加大；如果超过0.6以上，说明贫富差距已经非常大。国际上，通常把0.4的基尼系数值作为收入分配差距的"警戒线"，基尼系数最好保持在0.2～0.4之间，低于0.2说明社会动力不足，高于0.4则说明社会贫富开始变大，如果造成两极分化，极容易引起不同社会阶层和群体之间的矛盾和对立。

从近十一年来公布的基尼系数来看，我国基尼系数一直处于高位运行状态，从2003年到2008年，我国基尼系数一直处于上升状态，最高一年达到0.491。2008年到2013年，我国基尼系数总体呈下行趋势，2013年的基尼系数回到2004年基尼系数的水平0.473，是近十年来最低的两年之一（见表2），但仍然要高于0.4的国际"警戒线"。

表2 中国2003—2013年基尼系数[①]

年份	2003	2004	2005	2006	2007	2008	2009	2010	2011	2012	2013
基尼系数	0.479	0.473	0.485	0.487	0.484	0.491	0.490	0.481	0.477	0.474	0.473

（2）劳动者报酬比重不断下降

据相关统计，在国民收入的分配中，"从过去3年的情况看，在按支出法统计的地方GDP构成中，劳动者报酬比重不断下降，2003年以前一直在50%以上，2004年降至49.6%，2005年降至41.4%，2006年降至40.6%"。同时，居民收入和劳动收入在国民收入分配中的地位也出现了下降，"职工工资总额占GDP的比重从'九五'末期的13.3%

[①] 参见《光明日报》，2014年1月21日，第10版。

下降到'十一五'初期的11%"[①]。

由上观之,我国居民收入和贫富差距近年来虽有所控制,但前景仍不容乐观。社会分配差距悬殊,已经成为制约经济和社会健康发展的一个内在因素,也是社会矛盾多发的一个重要原因,如果不能及时有效地解决,势必对社会的健康发展造成重大影响。

2. 城乡差距显著

对于很多有过出国经历的人来说,一个深切的感受就是美、英、日等发达国家的城乡差别已经不大。但是,由于历史和现实的诸多原因,我国城乡差距不但没有缩小,反而逐步拉大,这也是当前社会建设的一个难题。可以说,在社会建设方面,我国与发达国家之间隔了一个乡村的距离。

(1) 城乡收入差距高于多数国家

数据显示,1978年城镇居民家庭人均可支配收入为343元,而农村居民家庭人均纯收入为133元,绝对值差值仅为210元,城乡收入比为2.58∶1。2002年,城乡收入比首次超过3,达到3.11∶1,绝对值差距达5227元。2008年,城乡收入差首超1万元,达到11020元,城乡收入比为3.31∶1。近年来城乡收入比最高为2007年和2009年,城乡收入比均为3.33∶1(见图1)。到2013年末情况有所缓解,在城镇居民人均可支配收入达到26955元时,村居民人均纯收入增长达到8896元,城乡收入比下降回3.03∶1,成

[①] 李培林主编:《2008社会蓝皮书》,社会科学文献出版社,2008年版,第8、13页。

为近十年来最低的一年。不过仍大大超过国际平均水平,相对而言,世界上多数国家城镇居民人均可支配收入与农村居民人均纯收入之比处于 1.6∶1 以下。

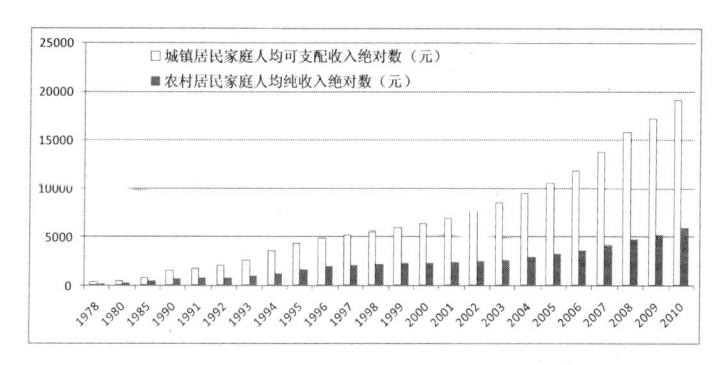

图 1 城乡居民家庭人均收入①

(2) 城乡消费差距明显

改革开放以来,我国城乡消费水平逐年提高,消费结构也逐步优化,城乡居民的生活水平已经从初步的小康社会,向全面建成小康社会迈进。但是,从城镇居民和农村居民恩格尔系数②变化来看,城乡消费差距仍然十分明显。1978 年

---

① 参见《中国统计年鉴 2011》,中国统计出版社,2011 年版,第 333 页。

② 恩格尔系数(Engel's Coefficient)是食品支出总额占个人消费支出总额的比重。家庭收入越少,用来购买食物的支出所占的比例就越大,随着家庭收入的增加,家庭收入所用来购买食物的支出比例则会下降。联合国根据恩格尔系数的大小,对世界各国的生活水平有一个划分标准,即一个国家平均家庭恩格尔系数大于 60% 为贫穷,50%~60% 为温饱,40%~50% 为小康,30%~40% 属于相对富裕,20%~30% 为富足,20% 以下为极其富裕。

我国城镇居民和农村居民的恩格尔系数分别为57.5和67.7，比值约为0.85。从1980年到1992年，城乡居民恩格尔系数比值一直在0.9以上，最高一年为1991年，达到0.93。1993年开始，城乡居民恩格尔系数比值开始呈现下降态势，最低一年为2004年，达到0.79。但城乡消费仍然相差一个等级。2000年以后城市恩格尔系数均处于30%～40%"相对富裕"的等级，而农村却始终处于40%～50%的"小康"等级（见图2）。

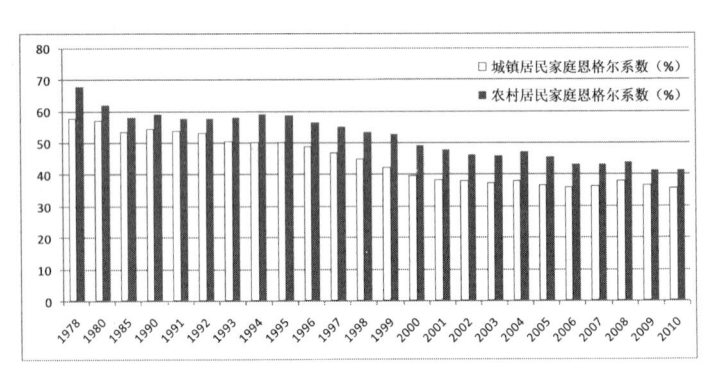

图2 城乡居民家庭恩格尔系数[①]

（3）城乡教育水平差距在不断增加

由于城市集聚了大量社会资源，拥有便捷的交通、发达的通讯、众多就业机会和较高的工资收入，包括教师在内的大量优秀人才向城市集聚。广大农村地区普遍存在教师短缺、学校不足等情况。从受过高等教育的人口情况来看，

---

① 参见《中国统计年鉴2011》，中国统计出版社，2011年版，第333页。

"2000年和2005年农业户口中具有大专及以上学历的人口均不足1%,非农业人口中这一教育水平所占的比重到2005年已经达到26%,2005年具有大学及以上学历的劳动者中98%都拥有非农户口"[①]。而从教师受教育程度来看,"1995年,城市中具有高中及以上学历的人口占61%,而农村仅为12%。1995年到2007年,城市中具有高中及以上学历的人口比例上升了16个百分点,农村则只上升了8个百分点"[②]。

(4) 城乡卫生服务水平还有较大差距

从我国城乡卫生医疗服务水平来看,城乡公共卫生服务机构和服务设施大都集中在城市,城市的卫生费用要远远超过农村卫生费用。据国家卫生和计划生育委员会发布的《2012年我国卫生和计划生育事业发展统计公报》显示,2011年全国卫生总费用达24345.9亿元,其中,城市卫生费用18571.9亿元占76.3%,农村5774.0亿元占23.7%。人均卫生费用1807.0元,城市人均2697.5元,农村人均879.4元。由此可见,占我国人口2/3的农村居民仅拥有1/4左右的卫生总费用,而占人口1/3的城镇居民却享有3/4的卫生总费用。

---

① 邢春冰:《教育扩展、迁移与城乡教育差距——以大学扩招为例》,《经济学》,2013年第1期。
② 邢春冰:《教育扩展、迁移与城乡教育差距——以大学扩招为例》,《经济学》,2013年第1期。

3. 群体性事件①多发

近年来，多发的群体性事件不断挑战着我们脆弱的神经：贵州瓮安事件、云南孟连事件、广东乌坎事件、潮州古巷事件、江苏启东事件……这些群体性事件，不仅给我国的经济发展、社会稳定带来了巨大影响，而且一定程度上也损坏了中国的国际形象，成为我们当前社会建设中又一个不得不面对的社会问题。

（1）群体性事件数量逐年增加

据统计，1994年全国发生各类群体性事件达1万余起，2003年达到5.8万余起，增加了4.8倍，年均递增16.9%。②到2005年上升为8.7万件，2006年超过9万起，并一直保持上升势头。③近年来更是达到十余万起。以集体上访来看，"2000年，全国31个（省、市）县级以上的党政信访部门，受理的群众集体上访批次、人数分别比1995年上升2.8倍和2.6倍。2000年，国家信访局受理的群众集体上访的批次和人次，分别比上年上升36.8%和45.5%，2001年，同比上升36.4%和38.7%。2004年全国县以上接

---

① 群体性事件是一种或多种社会矛盾激化的外化形式，表现为数量不等的人群在没有合法依据的情况下，形成具有一定规模性的集聚，以语言或者行为上过激的方式来争取和维护自身利益或者发泄不满，从而对社会造成一定负面影响的群体性活动。

② 《提高构建社会主义和谐社会能力（中央和中央部委领导同志在省部级主要领导干部提高构建社会主义和谐社会能力专题研讨班上的报告）》，中共中央党校出版社，2005年版，第155页。

③ 朱力：《中国社会风险解析——群体性事件的社会冲突性质》，《学海》，2009年第1期。

待的群众集体上访的年批次和人次增加15.2%和18.1%，其中国家信访局的集体上访人次与批次上升了44.6%和73.6%"[1]。

（2）群体性事件的规模越来越大

近年来群体性事件参与的人数越来越多，不少都在万人以上。从1994年到2003年，全国群体性事件人数由73.2万人次上升到307.3万人次，年增长率达到12.3%。据全国总工会统计，2012年1月到8月，全国共发生围绕工资纠纷的规模在百人以上的集体停工事件120多起，发生在19个省，规模在30人以上的270多起。[2]

（3）群体性事件的波及面越来越广

近年的群体性事件涉及政府机关、医院、交通、学校等不同领域和行业，参与人员包括失地农民、城市农民工、下岗职工、出租车司机、环境被污染的居民、教师、学生、干部等人员，几乎波及到社会的各个阶层。总体来说，近年来群体性事件涉及的内容多种多样，既有土地征用、房屋拆迁、环境污染等，也有医患纠纷、产权纠纷、物业纠纷、城市管理执法失当等。其直接原因可能只是琐碎的日常纠纷，深层原因，从经济上来说则在于相关人群利益受到直接或间接侵害，并且相关诉求渠道阻塞。

除了经济原因外，还有文化和价值方面的原因。个体人和群体人之间的一个差别就在于，作为群体的人是具有文

---

[1] 朱力：《中国社会风险解析——群体性事件的社会冲突性质》，《学海》，2009年第1期。

[2] 陆学艺、李培林、陈光金主编：《2013年中国社会形势分析与预测》，社会科学文献出版社，2012年版，第13页。

化、价值层面的共同性的,这种共同性我们可以称其为文化的共同体,或者是价值的共同体。有了这种文化和价值的共同体之后,人们才会在聚集起来之后,在不同个体之间相互影响和相互感染,并最终形成思维和行动的统一性。正如勒庞指出的,"孤立的他可能是个有教养的个人,但在群体中他却变成了野蛮人——一个行为受本能支配的动物。他表现得身不由己,残暴而狂热,也表现出原始人的热情和英雄主义"[1]。

二、以社会主义核心价值观引领社会建设的具体内容

为应对上述社会建设的主要问题,当代社会建设需要将培育和践行社会主义核心价值观作为重要内容,以社会主义核心价值观的现实内涵为依据,关注人们的现实生活,开展民生建设,着力提升人们的精神生活质量,并通过社会关系建设推动社会关系健康有序地发展。并且,将当前社会主义核心价值观以人为本的立场,贯穿于整个社会建设中。

---

[1] [法]古斯塔夫·勒庞:《乌合之众——大众心理研究》,冯克利译,广西师范大学出版社,2007年版,第49页。

1. 民生建设

十八大报告指出，加强社会建设，必须以保障和改善民生为重点。十八届三中全会也强调，要始终坚持民生优先。要多谋民生之利，多解民生之忧，解决好人民最关心、最直接、最现实的利益问题，在学有所教、老有所得、病有所医、老有所养、住有所居上持续取得新进展，努力让人民过上更好生活。

民生建设与人民群众的生活息息相关，关系到每个家庭和个人的福祉，反映老百姓的基本生存、生活和发展的状况。孙中山将民生解释为"人民的生活，社会的生存，国民的生计，群众的生命"[1]。可以说，民生建设不仅事关老百姓的根本利益，而且关乎我国改革发展的大局，是全面建成小康社会和实现"两个一百年"目标的重要内容。

---

[1] 孙中山：《三民主义》，岳麓书社，2000年版，第167页。

民生建设是一个复杂的过程,一般可以分为低级、中级和高级三个层次,分别对应着生存型民生、生活型民生、价值型民生三种类型。需要说明的是,三种类型的民生之间并不存在严格的界限,它们之间是彼此交叉、相互融合的,三种类型的民生往往同时存在于一个国家和地区里,只是在不同历史时期,民生建设的侧重点有所不同。同时,这三种类型的民生也并不是严格按照上述顺序发展的,在特定的历史时期和特定的环境中,可能出现顺序的颠倒和翻转。

(1)民生的低级层次:生存型民生

生存型民生处于民生建设的最低层次,主要指满足人民群众最基本生存需要的民生,也就是让老百姓有饭吃、有衣穿、有房住,还要让老百姓拥有最基本的安全、卫生、教育等保障。正如马克思指出的,"也就是一切历史的第一个前提,这个前提是:人们为了能够'创造历史',必须能够生活。但是为了生活,首先就需要吃喝住穿以及其他一些东西。因此第一个历史活动就是生产满足这些需要的资料,即生产物质生活本身"[①]。这是民生建设最基本的层次和首要任务。新中国成立初期到1978年改革开放初期,生存型的民生是我国民生建设的重点。

(2)民生的中级层次:生活型民生

恩格斯曾指出:"一有了生产,所谓生存斗争便不再围绕着单纯的生存资料进行,而要围绕着享受资料和发展资料

---

① 《马克思恩格斯文集》第一卷,人民出版社,2009年版,第531页。

进行。"① 生活型民生处于民生建设的中间层次，主要是指在满足人们基本生存问题之后，人们从原来的"生存"转向"生活"，从原来关注"量"转向关注"质"，从"温饱"转向"小康"，主要表现为对较高物质生活的向往、对生活品质的关注和对文化生活的追求。生活型民生是民生建设的重要一环，我国在改革开放到十六大之间，大体处于生活型民生为主的社会建设中。

改善民生就是要满足人的各种直接的、现实的生活需要，实现人们最关心、最直接、最现实的利益。不过，生活型民生基本上还是着重于人民的物质生活而言的。人们对于生活型民生的理解还是从国民生产总值的增加，人民物质生活水平的提升等方面来理解，这也是生活型民生最基本的特点。

（3）民生的高级层次：价值型民生

价值型民生是民生建设的高级形态，主要是指老百姓在物质生活需要逐步得到满足之后，从关注"物质生活"转向关注"精神生活"，从重视"物质需求"转向重视"价值需要"，从"单向度的人"向"全面发展的人"的转换。十六大以来，我国逐步进入了价值型民生社会建设，这也是当前民生建设的重要内容。

根据美国著名社会心理学家马斯洛的"需求层次理论"②，人们在满足基本物质的需求后，会对精神文化生活

---

① 《马克思恩格斯全集》第20卷，人民出版社，1971年版，第653页。

② 马斯洛理论把需求分成生理需求、安全需求、归属与爱的需求、尊重需求和自我实现需求五类，依次由较低层次到较高层次排列。

提出新要求。人们不再满足于一般物质文化需求，而是开始对尊重、交往、自我实现等价值需要方面表现出渴求。特别是当前全球化和信息化条件下，人们的思想变得更具独立性、选择性、多变性和差异性，人们的参与意识、维权意识比以往大大增强，民生的内容日益显现出多元多样的发展态势。正如郑功成所说："在现代社会中，民生和民主、民权相互倚重，而民生之本，也由原来的生产、生活资料，上升为生活形态、文化模式、市民精神等既有物质需求也有精神特征的整体样态。"①

十六大以来，我国在整体上完成了较低层次小康社会的民生理想目标。在此基础上，为进一步提升中国特色社会主义改善民生的战略目标。2006年10月，中共中央发出了《关于构建社会主义和谐社会若干重大问题的决定》，明确了构建社会主义和谐社会的重要性和紧迫性、指导思想、目标任务、基本原则。

2007年，十七大提出构建和谐社会的战略目标，指出社会和谐是中国特色社会主义的本质属性。"构建社会主义和谐社会是贯穿中国特色社会主义事业全过程的长期历史任务，是在发展的基础上正确处理各种社会矛盾的历史过程和社会结果。要通过发展增加社会物质财富、不断改善人民生活，又要通过发展保障社会公平正义、不断促进社会和谐。"中国特色社会主义"要按照民主法治、公平正义、诚信友爱、充满活力、安定有序、人与自然和谐相处的总要求和共

---

① 郑功成：《解决民生问题始终是政府的核心任务》，《南方周末》，2007年3月1日。

同建设、共同享有的原则,着力解决人民最关心、最直接、最现实的利益问题,努力形成全体人民各尽其能、各得其所而又和谐相处的局面,为发展提供良好社会环境"[1]。

同时,十七大对以人为本的基本内涵作了深入阐释,指出:"必须坚持以人为本。全心全意为人民服务是党的根本宗旨,党的一切奋斗和工作都是为了造福人民。要始终把实现好、维护好、发展好最广大人民的根本利益作为党和国家一切工作的出发点和落脚点,尊重人民主体地位,发挥人民首创精神,保障人民各项权益,走共同富裕道路,促进人的全面发展,做到发展为了人民、发展依靠人民、发展成果由人民共享。"[2]

应该说,以人为本的民生理念的提出,标志着我国的民生理念从生活型民生开始向价值型民生的转变,它不仅明确了我国当下加强民生建设所应遵循的价值原则与价值尺度,而且为以后的民生建设发展指明了方向。

2. 精神建设

社会建设是一个综合性的概念,不仅包括人们衣、食、住、行等物质性问题,以及生、老、病、死等日常生活问题,还包括人们寻求意义、情感交流、娱乐休闲等精神性和价值性问题。满足人民群众的精神需求,提高人民群众文化素质是当代中国社会建设的重要内容,可以从建立追求精神

---

[1]《十七大以来重要文献选编》(上),中央文献出版社,2009年版,第14页。
[2]《十七大以来重要文献选编》(上),中央文献出版社,2009年版,第12页。

价值的社会评价标准，倡导关注生存意义的生活方式，树立促进人的全面发展的社会发展模式三个方面展开。

（1）建立追求精神价值的评价标准

从当前社会建设所面临的困境来看，不少社会建设的难题都与过度强调经济收入和物质享受的评价体系有关。人们往往以个人占有物质财富的多寡来评价个人成功与否。当代社会建设应该努力改变这种以物质为主的评价体系，把个人内在精神的完善和社会价值的实现作为社会评价的标准。

个人内在精神的完善和社会价值的实现，一方面包括个体自身品德修养的完善程度和各方面能力的完善程度；另一方面包括个体在他人精神完善中所作的贡献，以及在整个社会价值实现中所作的贡献。社会建设要努力实现以个体内在精神的完善作为社会对个人行为的评价标准，以促进个体内在精神的完善和社会价值的实现作为政府部门以及各种社会组织行为的评价标准。

同时，在从物质为主的社会评价体系向精神为主的社会评价体系转换的初期，可以将当前物质为主的评价体系纳入对个体精神评价的体系之中。通过人们了解和适应的方式，在潜移默化中引导人们评价观念的改变。

（2）倡导关注生存意义的生活方式

正像马克思对"异化劳动"的描述，人们在现实劳动中，渐渐成为劳动产品、劳动本身甚至自我的异化物。"异化"的基本含义是指一种影响控制个体本质的力量，它由个体自身产生出来，却反过来影响和削弱个人的本质。在现实生活中，人们常常从早到晚忙忙碌碌，却找不到忙碌的意义和目的；或者不断地努力获得更多的物质财富，而不知道获得财富的意义何在；甚至在生活节奏不断加快的过程中，人们越来越感到自我的迷失，找寻不到生活的真正意义。

只是物质上富裕并不是社会主义，社会主义同时要求精神上的富有。正如邓小平所说："物质贫苦不是社会主义，精神空虚也不是社会主义。社会主义不仅要使人民物质生活丰富，而且要使人民精神生活充实。"历史唯物主义告诉我们，在强调历史发展中物质决定意识的同时，还要重视精神的反作用力，重视社会意识对于社会存在、上层建筑对于经济基础的反作用。毛泽东曾说，"人总是要有点精神的"。江泽民也强调指出，一个民族物质上不能贫困，精神上也不能贫困；只有物质和精神都富有，才能成为一个有强大生命力和凝聚力的民族。社会主义的优越性不仅表现在经济政治方面，表现在能够创造出高度的物质文明上，而且表现在思想文化方面，表现在能够创造出高度的精神文明上。

（3）树立促进人全面发展的发展模式

社会主义核心价值观作为一种社会精神力量，在社会建设中具有独特的作用，它能够在人们认识世界、改造世界的过程中由精神力量转化为物质力量，进而对社会发展产生深刻的影响。对个体而言，核心价值观可以塑造人格、完善人性、启发人智，实现人格社会化的功能。事实上，只有推动社会成员的全面发展，充分激发个体内在价值的社会发展模式，才能真正促进整个社会的发展。

十八大报告指出："中国特色社会主义道路，就是在中国共产党领导下，立足基本国情，以经济建设为中心，坚持四项基本原则，坚持改革开放，解放和发展社会生产力，建设社会主义市场经济、社会主义民主政治、社会主义先进文化、社会主义和谐社会、社会主义生态文明，促进人的全面发展，逐步实现全体人民共同富裕，建设富强民主文明和谐的社会主义现代化国家。"十八届三中全会强调，加快发展社会主义市场经济、民主政治、先进文化、和谐社会、生态文明。

一个高度发达和成熟完善的社会，必然以人的全面发展作为社会发展的出发点和归属点。推进人的全面发展，与推进经济、文化的发展和改善人民物质文化生活，是互为前提和基础的。当人越是全面发展，社会也越有活力，经济也就越发达，社会也就越安定。政府和社会在制度设计、项目实施以及结果评估整个过程中，应该紧紧围绕是否能够促进人的全面发展来开展。

3. 社会关系建设

在社会发展的不同历史阶段，总有一种与当时历史和社会相适应的人际互动模式，在进入现代社会以后，人与人之间的关系也发生了变化。与中国早期农业社会相对应的是"熟人社会"的交往模式，与工业化社会相对应的是"陌生人社会"的交往模式。当前社会建设一个重要任务正是在社会主义核心价值观的引导下找寻到能够满足人们精神价值需要的"后陌生人社会"的交往模式。

(1)"熟人社会"的社会交往模式

"熟人社会"，通常指在农业社会的形态下，人们生活在一个小圈子里，圈子里的每个人彼此都很熟悉，人和人之间通过私人关系构建起一张张关系网。费孝通在《乡土中国》中首次对"熟人社会"给予描述："乡土社会的生活是富于地方性的。地方性是指他们活动范围有地域上的限制。在区域间接触少，生活隔离，各自保持着孤立的社会圈子。乡土社会在地方性的限制下成了生于斯、死于斯的社会。常态的生活是终老思想。假如在一个村子里的人都是这样的话，在人和人的关系上也就发生了一种特色，每个孩子都是在人家眼中看着长大的，在孩子眼里周围的人也是从小就看惯的。这是一个'熟悉'的社会，没有陌生人的社会。"[①]

"熟人社会"的社会关系基于亲缘与地缘，人们之间的信任建立在社会习俗和道德习惯的基础上，表现为一种"稀

---

① 费孝通：《乡土中国》，生活·读书·新知三联书店，1985年版，第4页。

薄的"人际关系，即随着个体社会关系的疏远，人与人之间的关系就越来越松散。费孝通在《乡土中国》一书中，对这种渐次"稀薄"的人际关系用"差序格局"作了生动的描述，"我们的格局不是一捆一捆扎清楚的柴，而是好像把一块石头丢在水面上所发生的一圈圈推出去的波纹。以'己'为中心，和别人所联系成的社会关系，一圈圈推出去，愈推愈远，也愈推愈薄"。

中国传统社会是典型的"熟人社会"，整个社会的运转所依靠的是人治而不是法治。在某种程度上，人与人之间关系的生熟程度、感情深浅程度，成为社会评价的唯一标准。关系亲密程度代替了社会规范、法律制度，责、权、利的界线含糊不清，其益处在于社会中充满人情味，其弊端则是在公共事务中容易发生论资排辈、任人唯亲、徇私舞弊等情况，这也是"熟人社会"又被称为"关系社会"的原因所在。

（2）"陌生人社会"的社会交往模式

美国法学家劳伦斯·弗里德曼在其《美国法简史》中对于现代社会"陌生"的本质作了详细而生动的描述："当我们走在大街上，陌生人保护我们，如警察；或威胁我们，如犯罪。陌生人扑灭我们的火灾，陌生人教育我们的孩子，建筑我们的房子，用我们的钱投资。陌生人在收音机、电视或报纸上告诉我们世界上的新闻。当我们乘坐公共汽车、火车或飞机旅行，我们的生命便掌握在陌生人手中。如果我们得病进医院，陌生人切开我们的身体、清洗我们、护理我们、杀死我们或治愈我们。如果我们死了，陌生人将我们埋葬。"

"陌生人社会"又叫"契约社会"或"法制社会",是与"熟人社会"相对应的一种社会形态。与熟人社会相对比,陌生人社会的人际关系是"间断性人际关系"。两种社会中,人们互动关系上的差别在于人际交往和维系信任方式的差异。熟人社会以人际关系的亲疏远近作为基础,而陌生人社会是以契约、制度、法律为基准。

在工业化与城市化的过程中,基于血缘、亲缘和地缘的社会交往逐渐减少,由于生产和交换而结成的陌生人关系逐渐成为主流。由于发展的需要,人们不得不与陌生人发生关系,于是,法制与契约成为人们相互信任的方式。这种法制与契约有两个特点:不信任的标志与功能性的特征。一方面人们之间的契约正是互相不信任的产物,另一方面这种契约却实现了一定范围内人们间的相互信任的功能。这种"契约式信任"基础上的人际关系,不再是出于情感的因素,而是基于理性的选择。人们在权衡利弊的基础上,作出抉择并用契约的形式加以固定。因此,人们之间的关系是格式化的、间断性的,人们之间的关系可以作为一种工具加以利用和选择。

就社会发展而言,现代化使得传统"熟人社会"必然被"陌生人社会"所代替,以情感为内在品质的社会交往模式也必然随之转变为以理性为核心的社会交往模式。这种转变的益处在于社会效率大幅度提升,社会生产力得到巨大的推进,而其弊端则在于人与人理性化的冷漠开始充斥于世。

此外,"熟人社会"和"陌生人社会"都是"部分信息共享的社会"。在"熟人社会"中,基于情感的交往方式,使得非理性的因素在人们的交往中常常发生作用。于是，在信息的分享中，人们也会基于非理性的因素，保留或抹去一些信息传播。而在陌生人社会中，同样由于人们之间本质上的一种不信任关系，出于自身利益的理性选择，人们在信息的分享中，也会产生不能将全部信息进行与他人分享的状况。因此，不论是"熟人社会"还是"陌生人社会"，在信息交流这方面，二者都体现为一种"部分信息共享的社会"。

（3）"后陌生人社会"的社会交往模式

在"熟人社会"中，人们以亲缘、地缘为人际交往的根基；在"陌生人社会"中，人们以法制、契约为人际交往的根基；在"后陌生人社会"，人们主要以价值、道德、文化为根基。"后陌生人社会"是随着现代社会发展的需求，在"熟人社会"和"陌生人社会"发展的基础上，形成的一种新型的人际交往模式的社会形态，是对于原初"熟

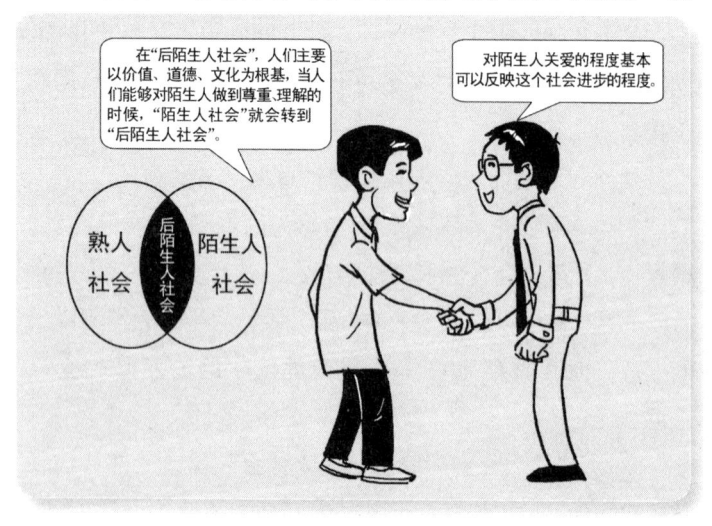

人社会"交往关系的一种辩证回归。

平等关爱的人际关系是"后陌生人社会"的基本特征，它是"陌生人社会"中的理性行为选择与"熟人社会"中的情感互动相结合的新型人际关系。在"后陌生人社会"中，虽然每个人生活中都充斥着陌生人，但是这些陌生人与自己的生活保持着一种紧密的联系。在这种联系中，人们并不熟悉每个人的所有信息，但是却熟悉他在自己生活中所扮演的某种社会角色。

在"后陌生人社会"中，每个人感受到人际交往中的自由，在人人平等与相互尊重的社会氛围中，不论从事什么行业，每个人都享有相同权利。每个人都有作为人的尊严，应该受到相同的尊重，尊重他人的存在、尊重他人的劳动、尊重他人的创造、尊重他人的权利、尊重他人的需要。

对陌生人关爱的程度基本可以反映这个社会进步的程度。《公民道德建设实施纲要》第12条指出："要引导人们正确处理个人与社会、竞争与协作、先富与共富、经济效益与社会效益等关系，提倡尊重人、理解人、关心人，发扬社会主义人道主义精神。"对陌生人的关爱有别于对家人的关爱，是更能考验人们道德素质的一个指标。对陌生人的关爱，是基于人人平等、对他人尊敬基础上的道德性的关爱。当人们能够对陌生人做到"尊重人、理解人、关心人"的时候，交往模式就从原先以理性为基础的"陌生人社会"转变到以价值为基础的"后陌生人社会"。

三、以社会主义核心价值观推进社会建设的现实路径

当前,中国正处于社会转型的关键时期,社会建设任重而道远。要实现上面提到的民生建设、精神建设、社会关系建设的内容,必须把践行和培育社会主义核心价值观作为社会建设的核心,融入到制度建设和治理的实际工作中,并通过加强核心价值观教育、加快向社会治理转变、激发社会自治能力等途径来加以实施。

1. 加强核心价值观教育

要在具体社会建设中践行和培育社会主义核心价值观,一项最基础的工作就是社会主义核心价值观的教育宣传。核心价值观作为一种高级精神活动,它的产生、发展、传播,到最后为人所接受有其自身逻辑。对核心价值观的教育要在了解并遵循这些规律的基础上,才能有效展开。

(1) 核心价值观教育的影响因素

随着时代的变迁,核心价值观教育中传统的"号召式、灌输式、运动式"等方式已经无法适应当前需要,只有找寻到影响其发展的各类因素,通过减少这些因素对核心价值观

教育的影响，才能让社会成员在"润物细无声"之中，逐步接受。一般说来，核心价值观教育受以下几个因素的影响：

第一，社会成员的知识储备和人文素养。核心价值观教育能够顺利开展并取得良好的效果，首要条件就是需要社会成员具有一定的知识储备和人文素养。然而，现实情况却不容乐观。由于长期应试教育的训练，即使接受过多年系统教育的知识分子，很多也只具备某些领域的专业知识。人文素养方面显得比较缺乏，更遑论其他更多没有接受过系统教育的社会成员。同时，核心价值观作为一种精神素养，需要长期的培育和熏陶，知识的增长与人文素养的提升并不是正相关，不是拥有了知识就可以自然生长出相应的人文素养。知识积累并不等于文化的积淀，从一个有知识的人成长为有文化的人需要漫长的过程，而从一个有文化的人成长为具有价值引领的人还要更长的过程。这两个过程不是"量"的变化，而是"质"的飞跃。没有一定的知识储备和基本的人文素养，核心价值观教育就没有根基，也就无法在个体的精神世界里予以构建。

第二，社会成员的心理健康水平。具有健康心理的人，能够较为客观地评价自身和他人，以及所处的社会。同时，能够保持自身与他人、自身与社会的良好互动关系。在此基础上，具有健康心理的人，能够对符合其自身能力条件与社会实际发展状况的价值观作出正确的评估，从而自觉地将社会的核心价值观内化为自身的价值观，并在实现自身价值的同时践行社会倡导的核心价值观。反之，如果社会成员不具备健康的心理，社会成员既无法正确评估自身能力，更不能正确评估社会核心价值观的内在价值,在阻碍自身发展的同时,也会影响核心价值观的教育效果。

第三,社会成员的实践经验和阅历。人类在感性活动的实践中创造自身、他人以及整个人类社会。在实践中,人们往往通过经验的积累和总结逐渐形成对自我、他人、社会的认识和看法。具有丰富实践经验和社会阅历的社会成员,看待问题一般更为全面,也更容易把握问题的本质与要害。而实践经验较少,社会阅历不深的社会成员,看问题、想事情往往容易停留在表面现象,无法触及问题本质。因此,实践较多和阅历较深的社会成员,越容易理解和体会核心价值观,而实践较少和阅历较浅的社会成员,对核心价值观的理解则需要一个更长的过程。

(2) 核心价值观教育的三个层次

核心价值观教育有其自身发展的规律,不能立竿见影,也不能一蹴而就,而是一个由浅入深,从简单到复杂,由低级到高级的过程,一般来说要经过认识层次、接受层次和践行层次三个阶段。

核心价值观教育的第一个层次是认知层次。认知层次是核心价值观教育的基础,要接受某一种价值观首先要知晓才行,这也是核心价值观教育最基本的要求。开始的时候,社会成员对于核心价值观的了解可能只限于"知识储存式"的了解,就如同人们知道"太阳明天将从东边升起,西边落下"一样。为了能让社会成员更容易接受核心价值观的内容,就要求核心价值观能尽可能地简单明晰。比如中国古代的"仁、义、礼、智、信"和西方的"自由、民主、平等"就成为当时当地人们所信奉的价值观。这也是学术界近年来坚持社会主义核心价值观凝练的意义所在。

> 俗话说"知易行难",从知晓核心价值观到接受核心价值观是第一次跨越,从接受核心价值观到自觉实践核心价值观是第二次跨越。

践行层次
接受层次
认识层次

核心价值观教育的第二个层次是接受层次。接受层次是在认知层次的基础上,社会成员开始接受并认同核心价值观所倡导的内容,且主动愿意开展社会主义核心价值观的宣传活动,这是核心价值观教育的中级阶段,也是非常重要的一个阶段。认知层次的任务是让社会成员尽可能方便、快捷、有效地知晓核心价值观的有关内容,但是"熟知并非真知",即使对核心价值观内容非常熟悉,甚至倒背如流,也不能说明社会成员对核心价值观内容真正接受。接受层次需要社会成员经过知识、情感、意志等阶段,最后达到信念的状态,让核心价值观成为一种持久的、稳定的价值认同,成为人们生活中自觉的精神需求和心理习惯。只有当社会成员从原来带有一定强迫性的"道德责任",转变为一种内在的自觉自愿的"理想追求"的时候,核心价值观才能真正发挥作用。正如德国哲学家洛尼所说:"价值领域的特征首先是它的理想性和合目的性,价值同意图、目的、理想、意义不可分离,这正是价值与事实的主要区别所在。"①

核心价值观教育的第三个层次是践行层次。践行层次是在接受层次的基础上,社会成员开始按照核心价值观的要求身体力行,这是核心价值观教育达到的最高层次,也是最难达到的层次。俗语讲"知易行难",从知晓核心价值观到接受核心价值观是第一次跨越,从接受核心价值观到自觉实践核心价值观则是第二次跨越,而且第二次跨越要比第一次跨越难得多。正如马克思所指出的,实践是价值活动以及价值关系产生最根本的基础,实践决定着价值观的生成、发展与实现,决定着价值观的基本指向。离开了实践、离开了生活,再好的核心价值观也只是空中楼阁。倡导核心价值观,就是要使核心价值观成为整个社会的共同价值追求,成为社会成员的具体价值实践,成为聚合社会正能量、引导和推动社会发展的精神动力。

(3)核心价值观教育的保障机制

核心价值观教育是一个长期的社会过程,也是一项系统的工程。要让核心价值观为社会成员所知晓、接受并最终践行,需要分类施教,并且综合各方力量,多管齐下。

第一,要把握差异化要求。不仅社会成员具有不同的知识储备、心理状况、实践阅历,而且人的认知过程必然要经历知、情、意、信等不同的环节和阶段,核心价值观教育面对的社会个体具有极大的差别。因此,在核心价值观教育的

---

① 转引自张登巧:《价值论视野中的社会认识论研究》,《新华文摘》,2009年第15期。

过程中，要时刻把握差异化的要求。一方面，针对不同知识背景的人群，开展不同程度的核心价值观教育；另一方面，对具有相似知识背景的社会成员，在其心理认知的不同阶段也要用不同程度的教育目标来引导。

第二，要营造核心价值观教育的舆论环境。马克思指出，"人创造环境，同样，环境也创造人"[①]。在社会主义核心价值观教育过程中，社会舆论的作用不可低估。一个好的社会舆论可以对符合核心价值观的行为和现象予以褒扬和赞颂，同时也可以对不符合核心价值观的行为和现象予以声讨和谴责，所以典型塑造和舆论批评是社会舆论发挥作用的两种基本形式。在营造社会舆论环境的过程中，要善于利用电视、广播、书籍、报纸等传统媒体，这是因为它们已经渗透到家庭生活等各个领域，容易在潜移默化中影响人们的道德判断和价值选择。同时，还要高度关注各类新兴媒体的最新发展，比如近年来才出现的微博、微信等，这些新型的通讯方式和社交方式对当代个人生活、交往方式产生了极大的影响，也极大地改变着社会舆论的生态环境。

第三，要加强核心价值观教育的制度建设。邓小平说过，"制度好可以使坏人无法任意横行，制度不好可以使好人不能充分做好事，甚至会走向反面"。好的制度可以激励正向的价值和行为，坏的制度则放任消极的价值和行为。要通过制定和完善相应的制度来支持核心价值教育，逐步建立和完善基于核心价值观的激励机制、反馈机制、评价机制、

---

① 《马克思恩格斯选集》第一卷，人民出版社，1995年版，第92页。

督导机制、责任机制等，让核心价值观成为全社会共同的行为标准和价值目标。正如《意见》强调的，要"褒奖善行义举，实现治理效能与道德提升相互促进，形成好人好报、恩将德报的正向效应。完善市民公约、村规民约、学生守则、行业规范，强化规章制度实施力度，在日常治理中鲜明彰显社会主流价值，使正确行为得到鼓励、错误行为受到谴责"。

2. 加快向社会治理转变

社会治理是相对于社会管理而言的，二者虽只一字之差，却不尽相同。社会治理与社会管理都以维护社会秩序与稳定为最终目标，但在维护社会秩序与稳定的主体和手段上存在差异。社会管理的主体是公共权力部门，采取的手段主要是行政命令等"硬手段"。社会管理实际上是一种政府行为，是相关政府部门所执行的日常管理职能。社会治理的主

体则除了公共权力部门以外，还包括社会组织、企事业单位等各种社会团体。采取的手段，除了政府利用公共权力管理的"硬手段"外，更强调通过价值、文化、道德等"软方式"来调节社会利益，协调社会关系。

也就是说，社会管理在社会秩序的维护中更强调政府的作用，其维护社会秩序的主体与手段都相对单一，而社会治理则更强调各种社会团体共同维护社会秩序，因此其主体与手段都呈现多元化的特征。社会治理包含了社会管理，社会管理是社会治理中的一种方式。在当前社会秩序的维护中，应该加快从依赖单一政府行为的社会管理向发挥各方力量共同行动的社会治理转变。

（1）注重核心价值观的整合功能

纵观中外历史，核心价值观一直是维系一个民族和国家的血脉和纽带，繁荣强大的国家离不开共同的价值和信仰。核心价值观决定着人们的人生观、价值观，决定着社会的价值取向、道德取向和行为取向,构成人的行为准则,对社会的发展起着肯定、支持、维护的作用。邓小平曾说过,"要团结就要有共同的理想和坚定的信念。我们过去几十年艰苦奋斗,就是靠用坚定的信念把人民团结起来,为人民自己的利益而奋斗。没有这样的信念,就没有凝聚力。没有这样的信念,就没有一切"[①]。一个民族和国家就是具有共同语言、共同价值取向、共同道德规范等诸多因素的"价值共同体"。核心价值观和价值体系是凝聚人心、凝聚社会的重要精神力量,可以实现低成本的社会治理。

核心价值观在社会治理中的整合功能,就是通过共同价值的聚合作用和统领作用,对社会价值、社会规范和社会结构进行内在的协调和影响,有效整合各类社会群体、不同利益主体,使人们在相互理解、相互沟通、相互关心之中形成共同的价值观念,使其自身的人生观和价值观与社会所倡导的价值趋于一致并保持同步,并将价值内在要求和精神力量转化为人们具体道德实践,从而维持社会秩序稳定,促进社会发展。

充分发挥核心价值在社会治理中的引导作用,可以不断增强国家认同、民族团结、价值认同,使社会各个阶层形成共同的价值观念和思想观念,从而激发人民群众的认同感、归属感、自豪感,进而把全国各族人民的意志和力量凝聚起来,把精神和士气振奋起来,让人民群众能够自觉维护公平正义,追求科学理性,为社会治理提供强大的精神动力和智力支持。

---

① 《邓小平文选》第三卷,人民出版社,1993年版,第190页。

(2) 理顺政府与社会的关系

作为一种新型的社会管理方式,不少地方政府还不习惯社会治理的方式,总是按照熟悉的社会管理的思路开展工作,一味强调政府作用,而不善于利用社会力量。之所以如此,其中一个重要原因就是没有理顺政府部门和社会组织之间的关系。政府和社会的边界不清晰,很多应该社会或者市场做的事情,政府往往越俎代庖,结果收效甚微甚至适得其反。

要转变这种情况,就必须对政府的权力加以清晰而明确的界定:凡是社会和市场能够自我调节的事项坚决让渡给社会和市场,凡是社会组织能够承担的事项坚决转移给社会组织,最大程度地减少政府对社会活动和市场过程的不合理干预。正如习近平同志指出的,要把不该管和管不好的事情交给市场去管,要研究推进政府向社会力量购买公共服务的具体内容。

十八届三中全会提出:"改进社会治理方式,坚持系统治理,加强党委领导,发挥政府主导作用,鼓励和支持社会各方面参与,实现政府治理和社会自我调节、居民自治良性互动。"当前要理顺政府与社会的关系,关键是对政府职能的调节,即以建设"服务型政府"为目标,强化政府的公共管理职能,弱化政府的微观管理职能。树立有限、责任、法治、服务政府的观念,探索政府部门主导、社会组织协调、公民积极参与的社会公共事务管理模式,使政府更好地致力于公共服务、市场监管、社会管理、环境保护等公共服务职能。通过把具体领域的社会管理事务让渡给各类相关的社会组织与团体的方式,更好地协调社会关系,维护社会安定有序。

2012年10月,国务院发布了《关于第六批取消和调整行政审批项目的决定》,对于"转变政府职能,理顺政社关系"作了进一步的诠释:"凡公民、法人或者其他组织能够自主决定,市场竞争机制能够有效调节,行业组织或者中介机构能够自律管理的事项,政府都要退出。"可见,能够真正做到政府社会分开,除了管理领域的明晰以外,还要在政府部门与非政府组织之间的人员、机构、资金等方面保持清晰的界限,从而真正做到人员分开、活动分开、资产分开、场所分开和机构人事分开,实现政府不直接参与微观事务,退居于监管者和公共服务提供者的角色定位。

(3) 明确政府与个人的关系

人们常常把政府与社会的关系模式用"大政府、小社会"或者"小政府、大社会"来表示,前者体现传统社会管理的方式,后者体现的是社会治理的理念。但是不管是"大政府、小社会",还是"小社会、大政府",关键还是看社会是否充满活力、是否安定有序。这就涉及对政府同个人的关系定位问题。

社会治理的基础是个人的历史性活动,社会治理在个人历史性活动发展过程中不断发展。社会政策所规定的个人或群体的活动范围,正好是另一个人或群体活动的边界。个人在现实活动中,参与到社会治理的过程中,影响着社会治理的效果。在社会治理、建设和发展中,政府与个人之间内在地保持着一种张力。因此,合理的政府与个人的关系决定着社会治理的效果,决定着整个社会安定有序的程度。

从以以人为本为基本立场的社会主义核心价值观的角度

而言，合理的政府与个人的关系在社会治理中表现为，政府连同社会把促进个人健康、个人价值以及个人全面而自由地发展作为制度设计的根据、政策实施的准则和政策合理性的检验标准。这样的社会治理与社会建设"不是压服一切个性的活动，是包蓄种种不同的机会使其中的各个份子可以自由选择的安排"[①]。在整个过程中，"不仅人们的主体性能够得到充分有效地激发和表现，而且使个人可以充分地保有他的自由、个性、偏好、品德、信仰、传统，还能够使自由的主体之间和平共处"。同时，"个人所能获得的，并不是对稀缺资源（包括利益、权力、地位）的直接占有，而是占有这些资源的机会或权利，它通过激发人们通过自己的努力和相互交换去兑现这些机会"[②]。

总之，政府与社会是个人发展的社会条件和外部机制。社会治理的制度设计正是个人自我发展的外部机制的培育与创设。保持良好的政府与个人的关系，可以在实现个人发展的同时，推动社会的发展。促进人的发展，是社会治理的制度设计与治理模式的根本出发点和落脚点。

3. 提升社会自治水平

社会自治的产生有其历史必然性，只有发展到特定历史阶段才会产生。社会自治以建立"国家—社会—个人"的橄榄形社会结构为目标，利用其带来的社会稳定性和秩序性，让其中的每个社会成员都能自觉、自主地参加社会管

[①]《李大钊文集》第四卷，人民出版社，1999年版，第63页。
[②] 邹吉忠：《自由与秩序：制度价值研究》，北京师范大学出版社，2003年版，第331页。

理，为国家与公民之间架起一座沟通和协调的桥梁，从而让社会成员享有最大的权利和自由。可以说，社会自治的发展程度是一个社会成熟与否的重要标准。

(1) 倡导社会自治

"自治"是相对于"他治"的一个概念，有自我管理、自我规范的意思。在马克斯·韦伯看来，"自治意味着不像他治那样，由外人制定团体的章程，而是团体的成员按其本质制定章程"[1]。

作为自治的一种类型，社会自治是指社会某部分人或团体管理其自身事务，为实现自身权利或利益所进行的自我管理的过程，是社会建设与社会治理的重要组成部分。如俞可平所说："社会自治是人民群众对公共事务的自我管理，其管理主体是社会组织或民间组织，它是一种非政府行为，是基层民主的重要实现方式。社会管理和社会自治是社会治理的两种基本形式，是一体之两翼。对于国家的长治久安和良好的社会治理而言，两者相辅相成，不可或缺。"[2]

依据不同标准，社会自治可以分为多种形式。依据自治的内容，社会自治可分为文化自治、民族自治、司法自治、行政自治、政治自治等；依据自治模式，可以分为社会自治、人民自治、全员自治等；依据自治范围，包括地方自治、城市自治、乡村自治和基层自治等[3]；依据自治方式，

---

[1] [德] 马克斯·韦伯著，[德] 约翰内斯·温克尔曼整理：《经济与社会》（上卷），林荣远译，商务印书馆，1997年版，第79页。

[2] 俞可平：《敬畏民意：中国的民主治理与政治改革》，中央编译出版社，2012年版，第32页。

[3] 李元书：《论社会自治》，《学习与探索》，1994年第5期。

主要包括居民自治、村民自治、社区自治、行业自治、社团自治等。

社会自治作为社会治理的重要组成部分，一方面说明当前中国社会建设已经发展到较高层次，另一方面也表明当前的社会治理与社会建设具有更艰巨的任务。社会建设在社会治理的层面从一元模式发展到多元模式。要真正实现社会自治，就要积极激发各类社会组织活力，强化社会成员的自我意识。

（2）加强社会组织①培育

20世纪80年代以来，随着我国社会主义市场经济体制的建立，特别是十六大以来，我国社会组织得到了快速发展。据民政部数据，"截至2012年底，全国共有社会组织49.9万个，比上年增长8.1%。吸纳社会各类人员就业613.3万人，比上年增加2.3%"②。十八大报告提出，要强化"人民团体在社会管理和服务的职责，引导社会组织健康有序发展"，体现了中央对社会组织发展的高度重视。大力培育社会组织，激发社会组织的活力，已经逐渐成为一种共识。

第一，注重社会组织内在价值的培育。社会组织承担着促进公益事业、调解社会矛盾、保持社会公平、维护社会稳定等公共服务和社会管理的重要职能。因此，社会组织不能像企业那样以营利为目的，而只能依靠价值的凝聚和目标的

---

① 社会组织主要是指那些不以营利为目的，为服务社会大众而开展各类公益活动的非政府组织，主要包括社会团体、基金会、民办非企业组织、社会公益组织等。

② 参见"中国社会组织网"，《2012年社会服务发展统计公报》。

指引来经营运作,通过满足群众各类需求来得到社会的支持。

相较于政府部门,社会组织往往比较松散,组织成员往往由于相似的兴趣爱好、职业发展、社会背景等因素自发地成为一个团体,常常与个人的日常生活接触更为直接、更为密切。因此,社会组织追求的精神理想和崇高使命对社会组织的发展具有举足轻重的重要地位。当整个社会组织具有较明确的价值观的时候,组织成员从心理和感情层面,更容易产生共鸣,找到归属感,从而加强社会组织的凝聚力。通过价值观凝聚的社会组织,具有更强大的渗透性与穿透力,而具有合理的价值观,是社会组织在社会中有所作为的内在动力。

因此,应当注重社会组织内在价值的凝练与培育。通过理想教育、价值引导、系统培训、相互交流等多种方式,逐步强化社会组织成员的道德观念和价值理念。同时,要加强对社会组织领导人员和高层人员的道德教育,让他们能以身作则,发挥个人魅力,不断提升社会组织的公信力,增强社会组织发展的可持续性。

第二,转变社会组织的管理体制。自1998年国家正式公布新修订的《社会团体登记管理条例》以来,我国在社会组织的管理上,逐渐形成"归口登记"、"双重负责"、"分级管理"的管理体制。这种由民政部门与业务主管部门双重负责的体制,的确可以实现对社会组织的有效管理。但是,这种管理体制实际上是在"政府管制"的理念下的"预审管理"方式,人为地把政府和社会组织对立起来,政府对社会组织的管理往往过窄、过细,反而抑制了社会组织的积极性的发挥。

与我国采取"严进宽管"的"预审管理"模式不同,美、英等发达国家一般都是采取"宽进严管"的"追惩管理"模式,在登记注册时门槛很低,只要向政府备案即可成立和运作,而对登记后的社会组织实行全过程监管,一旦有任何违法违规行为,将受到严厉的惩罚。从国外经验来看,这种管理体制更符合社会组织成长发展规律,对社会组织的监管也更为有效。

据报道,北京正在研究社会组织登记管理办法,对于原来找不到"业务主管"的商会类、科技类、公益慈善类和城乡社区服务类民间社会组织,可直接向市、区(县)民政部门申请登记[①]。由此可见,一些地方已经开始积极探索社会组织管理创新,但是从全国范围来看,对社会组织的管理和监督大都还沿袭旧有的管理理念和管理体制,亟待改革创新。

第三,建立健全社会组织相关法律法规。从现有关于社会组织的法律来看,国务院颁布了《社会团体登记管理条例》、《民办非企业单位登记管理暂行条例》和《基金管理条例》,民政部出台了《取缔非法民间组织暂行办法》、《中介服务收费管理办法》,《民间非营利组织会计制度》等规范性文件。这些法律法规无论是出台的层次、数量,还是可操作性,都明显滞后于社会组织的发展要求。

近年来社会组织发展迅速,急需对社会组织的性质、地

[①]《今起四类社会组织可直接申请登记》,《新京报》,2013年4月1日,第A09版。

位、作用、功能予以明确，同时对社会组织的人员编制、职称评定、养老保险、税收减免、收费许可等方面予以规范。相关法律法规的缺位使得社会组织处境尴尬：一方面政府反复强调社会组织具有重要作用，是社会管理不可或缺的重要管理力量；另一方面，社会组织由于"身份问题"，往往难以得到应有的尊重。因此，急需尽快制定与现行法律体系相衔接的社会组织法律法规，从法律层面对社会组织的管理体制、组织机构、法律地位、权利义务等方面予以明确，解决社会组织无法可依的问题。

（3）提高社会成员的素质

社会自治能力的发挥有赖于存在于社会中的各类社会组织的发展完善，而各类社会组织能否快速发展，使整个社会充满活力，最终还有赖于构成社会组织的社会成员。如马克思所说，国家"这种意志只有在具有自我意识的人民意志中，才能作为类意志而获得现实的定在"[1]。从社会组织的产生和发展过程来看，只有提升社会成员素质水平，才能为社会自治注入源源不断的生命和活力。具体来说，要加强以下几种价值观念的培育：

第一，公民意识。一般说来，公民意识指的是在法制社会中，公民对自己作为一名社会成员所应当具有的一种理性自觉和心理认同，表现为勇于维护自己和他人的自由、尊严、价值的一种意识，具体包括"权利意识、责任意识、民主意识、法制意识、科学理性精神、道德意识、生态意识或

---

[1]《马克思恩格斯全集》第三卷，人民出版社，2002年版，第82页。

可持续发展意识、全球意识、终身学习意识和健康的心理素质"①。由于我国传统社会中形成的等级意识、臣民意识等封建价值观念在现实社会中仍然有巨大的潜移默化的影响，因此，当前公民意识的培养显得任重而道远。

第二，法律意识。社会组织的发展，无时无刻都离不开相关法律法规的支持。从注册成立，到生长发展，到开始承担公共服务职能，都有赖于社会组织的每一个成员不仅能知晓法律、具备法律知识，还必须将法律意识内化为自己的一种心理品质，进而形成生活习惯，才能帮助社会组织于各种纷繁复杂的社会环境之中不失去自我、不迷失方向。当前，出现的部分社会组织自律活力不足、行为不规范甚至利用欺诈手段争夺社会资源的不良现象，从反面充分说明当下培育

---

① 蒯大申：《公民意识与城市精神》，《文汇报》，2003年3月4日，第8版。

社会成员法律意识刻不容缓。

第三，责任意识。社会成员权利意识的提高是现代民主与法制社会的重要标志，对于社会组织来说也是一样。社会组织种类烦琐，涉及社会建设的方方面面。当社会组织的利益受到侵害时，需要组织成员能够及时拿起法律的武器来维护自身的合法权利。近年来，市场经济给我们带来了自由平等意识，网络社交平台提供了多元诉求表达平台，人民的维权意识、维权能力和维权水平也空前高涨。然而，社会成员的责任意识却没有同步提升。其间的落差很容易造成社会建设的失序。没有对公共规则的遵从，公民权利的维护就会导致"中国式过马路"的乱象；只问结果不计手段的维权方式，看似高唱权利赞歌，却会让社会更加混乱。在权利意识觉醒的同时，不强化责任意识的培养，社会自治将面临重大障碍，社会组织将无法承担起其应该担负的公共服务职能。

结　语

社会建设的内容纷繁复杂,这里并不能一一详尽。尤其在深入到社会各个具体领域中时,还有诸多问题需要面对和解决。而对于十八大提出的积极培育和践行社会主义核心价值观的工作,更不止于此。社会主义核心价值观的培育与践行,需要渗透到思想观念的方方面面,落实到社会实践的点点滴滴,社会建设与社会主义核心价值观的融合只是其中的一个方面。在中国特色社会主义事业中,如何在经济、政治、文化、生态等各领域与社会主义核心价值观融合,如何通过社会主义核心价值观的培育与践行推进中国特色社会主义伟大事业、实现中华民族伟大复兴的中国梦,都是培育和践行社会主义核心价值观需要继续探讨的问题。社会主义核心价值观建设任重而道远。另外,由于自己知识水平有限,书中必然有不足之处,还请读者多多海涵与指正。